Os Caminhos das Estrelas

A Cura da Dualidade

Trixa

Os Caminhos das Estrelas

A Cura da Dualidade

Tradução
MERLE SCOSS
HERBERT LOPES SZESZULA

Editora Pensamento
São Paulo

Título do original:
Sternenwege — Heilung der Dualität

Edição	Ano
1-2-3-4-5-6-7-8-9	98-99-00

Direitos de tradução para a língua portuguesa
adquiridos com exclusividade pela
EDITORA PENSAMENTO LTDA.
Rua Dr. Mário Vicente, 374 — 04270-000 — São Paulo, SP
Fone: 272-1399 — Fax: 272-4770
E-mail: pensamento@snet.com.br
http://www.pensamento-cultrix.com.br
que se reserva a propriedade literária desta tradução.

Impresso em nossas oficinas gráficas.

Sumário

Parte Dois: A Cura da Dualidade

Parte Três: Exercícios

Apêndice

"Eu sou um outro tu"
Saudação maia

Dedicatória

Dedico este livro a todos os irmãos estelares e a todos os meus mestres em todos os planos, que, com seu amor, deram-me a compreensão, que me protegem, que permitiram que eu fizesse as perguntas certas no momento certo ou me permitiram sentir as respostas certas.

Mas eu o dedico principalmente a:

meu pai e minha mãe, que me ensinaram a contemplar as estrelas e nunca perder a coragem;

Johannes Asrael awar Antares, amigo da minha alma, que me foi de grande ajuda no momento certo e no lugar certo;

e meu marido Peter Amrael ki Enoch Antares, o antiqüíssimo amor de muitas vidas minhas.

Prefácio

Aqui e agora somos filhas e filhos da Terra, esta maravilhosa jóia azul do nosso sistema solar.

Começamos a recordar. O véu de nossa consciência ergue-se mais e mais, e reconhecemos nossa história e os muitos níveis de aprendizado através dos quais chegamos até aqui.

☆

A Terra foi criada a partir do grande Todo universal, para curar a dualidade. Há muito tempo a dualidade tornou-se o tema do nosso Universo, mas agora começa a viagem para casa, a volta para a UNIDADE.

☆

É meu desejo que este livro possa ajudar você a recordar, a compreender e a curar-se, para que o verdadeiro amor ganhe lugar em todo o seu Ser.

TRIXA
AMRAEL ✕✕ AWA ANTARES
Les Champs Chamagne
março de 1994 — janeiro de 1995

Prefácio de Hilarion

Saudações e bênçãos, amados amigos, eu sou Hilarion.

☆

Compreendam, amados filhos estelares da Terra, que toda cura está na percepção e no conhecimento.

Para apoiá-los na sua iluminação, nós, a Fraternidade Branca, a Irmandade Espacial e a Irmandade Solar, desejamos clarificar seu reservatório de memória comum, apresentando-lhes um sumário da história deste Universo, no qual vocês reconhecerão o Plano Divino em todas as manifestações.

Conectem-se com o seu Eu Superior durante a leitura deste livro, a fim de podermos direcionar nossas energias para o seu sistema. Desse modo, acelera-se o processo de reconhecimento, e suas experiências incompreendidas serão esclarecidas e purificadas.

Compreendam que é uma escolha sua — como sempre é a livre escolha de cada ser — seguir esta nossa recomendação: ler com o coração e poder, assim, curar o coração.

O amor de Deus está em vocês, esteve sempre em vocês, sempre imutável, em todas as suas encarnações. Este verdadeiro amor existe — vocês nunca poderão perdê-lo, pois vocês são o amor.

Parte Um

Os Caminhos das Estrelas

Capítulo 1

O Portal Estelar de Antares

Eu sou Amrael ✕✕ awa Antares, e os saúdo na luz do Uno Universal.

☆

Você é uma centelha de luz vinda da fonte infinita do Uno Universal. No dia da criação, você concebeu dentro de si o desejo de experimentar a si mesmo em muitos diferentes planos.

Depois que se manifestou com seu poder criador divino no Universo do Pai, você quis também conhecer todos os outros planos do Todo maior. E assim iniciou sua jornada de aventuras no Universo do Filho. De início você não sabia qual das incontáveis formas manifestas do Filho deveria escolher, mas depois que tiver lido este livro, saberá que escolheu o universo da dualidade.

Neste Universo, seu Eu divino tem a possibilidade de experimentar a si mesmo em muitas dimensões e em infinitas e diferentes formas. Uma jornada que realmente merece ser feita! No início de sua jornada, o que o guiava era o amor por toda existência, e você estava além de todo julgamento. Esse estado de alma além de todo julgamento, ligado ao conhecimento de todas as formas possíveis de manifestação da presença divina, é o poder co-criador do Filho. É a manifestação do verdadeiro amor.

No seu caminho de volta à fonte, você irá reabrir todos os níveis de aprendizado que percorreu até ter encarnado como filho estelar da Terra neste planeta de cura — a Terra — e todas as suas experiências irão se liberar no amor, à medida que todo seu julgamento vai sendo removido.

Para agora encarnar neste Universo maravilhoso, você poderá escolher entre dois portais estelares: **Antares** e **Arcturus**. Um universo dual requer dois portais estelares.

Falemos então sobre o plano vibracional de **Antares**, para que se reabra a chave oculta de seu conhecimento interior.

Antares é o mundo da consciência integrada. As entidades que aqui chegam aprendem a alcançar uma visão holística de todo o programa. Os seres são de pura energia, e aprendem a condensar suas transbordantes energias criadoras a fim de ancorarem seu próprio ser no oceano da amorosa consciência global agora conhecida.

Em grandes e amplos salões encontram-se incontáveis monitores, sobre os quais estão representadas e registradas as vibrações energéticas de todas as estrelas e planetas deste Universo. As entidades que aqui chegam passam um longo tempo em contemplação, para absorverem em si esses planos vibracionais. Em outros salões da consciência elas se agrupam com a finalidade de compartilhar seus conhecimentos e renovar a visão holística do plano cocriador. Uma profunda compreensão das numerosas variedades da dualidade enraíza-se nos discípulos.

Grandes mestres, que são os instrumentos do Uno Universal, ajudam os discípulos a trabalhar seus conhecimentos e lhes ensinam o amor por todas as formas do Universo. No Templo da Pedra Fundamental da Vida, servem juntos seres angélicos e sábios de Antares que desenvolvem sempre novas possibilidades de existência. De tempos em tempos, estes sábios enviam determinados grupos de almas para dar forma a novos níveis de experiência. Esses grupos aprenderam a transportar as energias que serão necessárias para que a raça adâmica possa fazer sua morada nas estrelas e planetas revivificados. Deste modo, a consciência divina, cujos servidores eternos são todos os seres angélicos, está em constante expansão também neste Universo do Filho.

A raça estelar de El tem aqui sua morada. A partir de Antares, novos mundos são trazidos à existência e todos os níveis da cocriação se registram neste Universo. Aqui encontra-se também o Templo do Átomo Divino, que representa um universo infinitamente pequeno. Nêutron e elétron criam neste local as condições básicas para a existência da dualidade.

A partir da vibração do infinito, os seres de Antares criam a Dupla Hélice Divina, na qual estão contidos os programas completos para toda vida neste Universo. A ordem da Hélice Divina cuida da vida e promove o desenvolvimento através de contínuas transmissões de luz, em todos os níveis, para assegurar um desenvolvimento luminoso do Todo.

Em Antares está também a escola do fluxo temporal. Como o tempo é percebido de maneiras diversas nas diferentes dimensões, aqui se aprende e promove o desenvolvimento. E acaso não é o tempo a medida padrão para o desenvolvimento?

Desta escola saíram os grandes viajantes das estrelas, os quais, por exemplo, encarnaram na Terra como os primeiros maias, para fixar o código galáctico de desenvolvimento no Novo Mundo do Planeta Gaia.

A missão de Antares é dar nova vida e, a cada nascimento, prestar ajuda oferecendo os conhecimentos correspondentes. Por essa razão, Antares é também um portal estelar que nos conecta com o amor abrangente de todas as energias maternas. Através de Antares, as energias da Shekinah divina se fixam neste Universo.

Na história deste Universo, as entidades de Antares sempre se condensaram com a finalidade de fixar o conhecimento da natureza trinitária da presença divina na consciência dos novos mundos e para espalhar a semente do verdadeiro amor, a unidade última de todas as formas manifestas.

☆

Eu sou Amrael ⨳ awa Antares, e com amor por todas as formas de vida eu os abençôo.

Capítulo 2

O Portal Estelar de Arcturus

Este texto é parte da consciência global do portal estelar de Arcturus. Você sabe que o Pai ordenou que fôssemos os guardiães do mundo e da evolução. Estão contidas em nós as energias guardiãs de todos os níveis deste Universo do Filho, e todas as almas que aqui encerraram sua experiência são purificadas e esclarecidas em nossos níveis, e então voltam a ser recebidas na magnificência do Pai.

Nossa irradiação de energia protege o desenvolvimento e o caminho de cada alma individual que escolheu vivenciar seu Eu divino neste Universo dual. Nós protegemos os seus canais, que se reabrem, e a expansão de sua consciência. Promovemos o crescimento e o alinhamento das grandes universidades nos diferentes níveis estelares, bem como o desdobramento do verdadeiro conhecimento em todos os mundos. Nossos sábios conectam a consciência imemorial de cada um de vocês com os mestres divinos do Universo, e nós irradiamos o conhecimento divino e a sabedoria divina em todos os discípulos. Somos os guardiães perpétuos de todas as pirâmides deste Universo, pois essas construções foram criadas em todas as dimensões, para manter o alinhamento com a força criadora do Pai.

Mantemos todas as conexões, em todos os planos, com os príncipes angélicos, e protegemos a manifestação das energias arcangélicas em todos os níveis planetários. Sempre que vocês invocam os arcanjos, a irradiação deles é modificada pela nossa energia, de modo que vocês são conduzidos em todos os seus processos pela sabedoria divina e protegidos pelo amor divino.

Nós somos os guardiães de todos os ciclos evolucionários. Nossas transmissões de energia asseguram o perpétuo fluxo de entrada e saída da matéria divina; somos como o alento de Deus, que se manifesta em seus filhos de luz.

Com nossas energias, todos os sistemas da rede de comunicações da Terra fluem perpetuamente; deste modo, a evolução da luz é assegurada. Nesta época de transformação das redes cristalinas do planeta Terra, isso é útil para renovar e curar completamente essas redes, sempre que elas se afastarem da ordem divina por energias não-luminosas. Vocês precisam preservar essas redes usando a luz azul-safira, fornecida pela sua própria consciência em estado de despertar, pois é a mais indicada para fazer com que a nossa energia chegue até a dimensão de vocês.

Nós também observamos — num certo sentido — todas as atividades dos seres que servem a não-luz. Também eles surgiram da fonte eterna do Pai, e escolheram seus caminhos para tornar possível o surgimento deste Universo. De um grande amor pelo Uno Universal, esses seres criaram para si mesmos um caminho difícil, separando-se quase absolutamente da consciência da centelha divina. Compreendam, filhos da Terra, o amor que é necessário para viver essas conseqüências. Somente através de sua presença é possível, aos muitos outros, escolher e fortalecer sua centelha de luz, seu amor. Reconheçam agora, nesta época de cura para todos, o que são as centelhas divinas também nesses seres. Ajudem-nos a recordar o amor do Pai, que um dia também os imbuiu, para que eles aos poucos voltem a exaltar este Universo, através do amor e do reconhecimento, e sejam recebidos na luz do Deus uno e verdadeiro, que é amor, que era amor e que para todo o sempre será amor.

Pondere sobre estas palavras no seu coração, pois todo coração é o centro da unidade em cada ser. Perceba que o amor do Pai sempre o conduz, em todos os seus caminhos. A transbordante energia do Pai Uno Universal, o Deus verdadeiro e todo-poderoso, guia você em todas as suas expressões. Conscientize-se deste fato e proteja a sua expressão, para ancorar no seu ser o Eu divino expandido.

☆

Com o poder de El Shaddai, nós o abençoamos.

Capítulo 3

O Processo de Individuação em Lira

Bênçãos e saudações. Eu sou Hilarion. Hoje, gostaria de falar-lhes sobre os acontecimentos em Lira e Vega.

☆

Lira é um sistema estelar extenso. Sua estrela principal — a sede do governo, por assim dizer — é Vega. Muitos seres estelares vieram dos portais estelares de Antares e Arcturus diretamente para este sistema, pois aqui podia ser aprendida uma certa forma de individualidade. Lira faz parte dos primeiros sistemas colonizados deste Universo. Vindos de uma consciência coletiva, aqui os seres estelares se ocupavam com o processo de desenvolvimento da forma. Durante longas eras, cultivaram suas energias até se tornarem entidades amadurecidas, que não eram físicas. Por isso as formas de energia pura que existiam em Arcturus e Antares evoluíram aqui para estruturas individuais. Esses seres sedimentavam seu conhecimento das outras galáxias e também as orientações especiais que fluíam através dos níveis dos portais estelares. E de muitos diferentes níveis vinham essas orientações. Foi assim que eles experimentaram, pela primeira vez neste Universo, a forma individual. Um número crescente de seres estelares tomou esse caminho, pois parecia-lhes um importante processo de experiência para a encarnação neste Universo. Com isso a população aumentou cada vez mais. Os seres que tomaram morada em Vega eram em sua maioria ligados a Arcturus, e assim, em certo sentido, estavam imbuídos de uma energia dinâmica que aqui expressavam de uma maneira individual.

Abençoados com essa força plena de propósito, logo alguns dos seres de Vega começaram a construir sistemas que sustentavam as conexões entre as estrelas e interligavam os acontecimentos. Desse modo, viram também que alguma forma de governo é sempre necessária para permitir aos seres recém-chegados realizar seu processo de individuação com alegria e força criadora.

Este foi, se assim posso me expressar, o instante do nascimento do primeiro Concílio neste Universo. Todos os seres de Lira foram convidados, bem como os seres de Antares, os mestres de Arcturus e os cientistas do Sol Central. O objetivo era construir uma comunidade ativa no amor e na amizade, na qual se desenvolveria a maior individualização possível num companheirismo amoroso. Muitos seres vieram para esse primeiro Concílio. Cada proposta era ouvida e debatida cuidadosamente. Os mestres ofereceram sua sabedoria, propostas foram coletadas. Do ponto de vista do sistema temporal de vocês, os intercâmbios de opiniões duraram infinitamente. Mas para todos os participantes envolvidos, este foi também um processo de criação e, sobretudo, de experiência.

No entanto, para muitos dos seres de Lira, os lirianos, a reunião se prolongava demais, e eles delegaram suas vozes a alguns representantes escolhidos. Com isso surgia pela primeira vez algo semelhante a um governo. Os lirianos deixaram Vega, voltaram às suas estrelas e dançaram mais uma vez sua dança da individuação, que para eles era tão fascinante e cheia de alegria. Continuaram criando novas formas, sempre abrindo novas pontes em sua consciência, e podemos dizer que, cada vez mais fortemente, desenvolvendo seu próprio Eu neste Universo dual.

Enquanto os habitantes de Vega se ocupavam em esboçar um sistema adequado para todos os seres — uma tarefa de longa duração, como já mencionei —, os lirianos cada vez mais se tornavam autoconscientes. Absorveram em si mesmos todas as correntes existentes, moldaram-nas e lhes deram as formas individuais que mais eram de seu agrado, pois eles estavam mais próximos de uma consciência pessoal. Por causa de sua crescente individualidade, mostravam-se em geral pouco dispostos a se abrirem ao amor, ao verdadeiro trabalho da luz (ou seja, o trabalho a partir da própria luz) e à alegria dos outros. Como eles mais e mais se dedicaram ao próprio Eu, sempre tentando direcionar todos os fluxos de energia para si mesmos, deixaram de compartilhar e chegou a decadência da comunidade.

Alguns dos seres estelares compreenderam o que acontecia com eles. Foram para Vega e relataram suas percepções. Os seres de Vega continuavam a envolver-se com suas construções mentais. Contudo, ouviram seus irmãos e se recordaram da força dinâmica. Alguns dos lirianos até incorporaram treinamentos especiais com a força dinâmica. Todos os que para ali foram aprenderam assim uma reconexão com o coletivo. Isso os fortaleceu e lhes deu poderes e, com essa energia e uma vontade muito motivada, retornaram para suas estrelas a fim de compartilhar seu conhecimento com os povos.

Foi aqui que muitos de vocês passaram pela experiência de estar diante de seres que não queriam aprender. Muitos padrões, tais como uma grande aversão a conectar-se com os outros e a compartilhar conhecimentos e experiências com eles foram aqui estabelecidos. Alguns seres estelares, que tiveram sua formação em Vega, dedicaram-se com perfeição às tarefas que escolheram, e muitos se exauriram em suas missões. Aqui se embasam muitas das recusas que vocês hoje têm de servir ao coletivo. Examine, por favor, se você tem armazenadas dentro de si mesmo essas experiências. Frases como estas podem indicar o padrão: *É inútil servir ao coletivo. Quanto maior o coletivo, tanto mais árdua a cons-*

trução do amor / da percepção / da unidade. Cada um se preocupa apenas com sua própria individualidade. O coletivo é uma impossibilidade para a unidade energética atuante. Até a percepção fixar-se no coletivo, já é tarde demais. E assim por diante.

Em sua necessidade, esses mestres coletivos — é assim que eu gostaria de chamá-los — voltaram-se mais uma vez para seus irmãos de Vega. Um segundo Concílio, agora bem menor, foi convocado. Os cientistas do Sol Central decidiram enviar um grupo de notáveis cientistas para a estrela, a fim de restituir ao povo a memória da unidade de tudo o que existe.

Eles foram ansiosamente esperados pelos mestres coletivos. Muitos desses mestres tinham mobilizado todas as suas reservas de energia tentando despertar o povo, na maioria das vezes apenas com resultados insignificantes. Isso levou a uma espécie de vivência da morte em alguns desses seres estelares, a uma dissolução do Eu individual, por causa da exaustão energética e do desespero.

Ao ler estas linhas e sentir-se fortemente tocado por elas, examine a seguinte frase-padrão: *Trabalhar para o coletivo significa sacrificar-se, desesperar-se, dissolver-se; significa a dedicação até a morte.*

Então finalmente surgiram os seres do Sol Central. Por causa de sua vibração, não estavam verdadeiramente preparados para o que deles se esperava aqui em Lira. Eles convocaram o povo para falar-lhes e para ensinar. Porém não mais alcançaram aqueles seres, pois falavam a partir de sua própria dimensão energética. Os seres de Lira não os compreenderam e afastaram-se deles. Os mestres solares fizeram todo o possível para chegar até o povo estelar, mas por fim também eles tiveram uma experiência aparentemente inútil. Alguns preferiram logo deixar-se paralisar pelo desespero, sentindo-se indignos de sua missão. Depois de algum tempo, escolheram outros níveis de encarnação; esses seres são hoje aqueles que se sentem indignos da energia solar e trazem consigo esse padrão através dos muitos níveis de encarnação. Outros reconheceram, através da ação contínua, os diferentes níveis de comunicação, mas não sabiam realmente transmitir esse conhecimento e preferiram voltar-se para o aprofundamento de seus estudos em outros níveis.

Depois que os cientistas solares deixaram Lira, sua ausência foi sentida pelos que ali ficaram. Alguns tentaram formular aquele conhecimento, outros começaram a debatê-lo entre si, mas muitos permaneceram ainda presos à sua dança pessoal. No fim, contudo, germinou a semente de todos esses esforços. Alguns lirianos decidiram continuar investigando; queriam descobrir novos mundos, pois talvez conhecessem coisas novas em comunidades maiores. Muitos deles foram para Sirius, a fim de lá colonizar as estrelas e estudar na grande Universidade de Sirius. Para sondar de modo ainda melhor o programa do Eu individual, eles criaram, em conjunto com os seres de Sirius, a chamada Zona Vermelha, e lançaram a pedra fundamental das experiências do criminoso/vítima. Pois, para ser criminoso ou vítima, é preciso ter uma consciência individual.

Outros escolheram caminhos para o coletivo amoroso tais como, por exemplo, no plano das Plêiades. Outros ainda buscaram formar seu Eu investigando o Universo como viajantes.

Os seres estelares de Vega buscaram ainda outros caminhos para combinar uma comunidade individualizada com o bem-estar do Todo. Reconheceram, através de contínuo intercâmbio com os cientistas solares, os diferentes planos de comunicação da expressão e tornaram-se verdadeiros iniciados nas vibrações.

É por isso também que é importante para vocês, filhos estelares da Terra, conectarem-se com suas experiências neste nível, sobretudo quando reconhecem que só lhes é possível uma comunicação deficiente com seus semelhantes. Na maioria dos casos, trata-se dos diferentes planos da expressão vibracional, e uma conexão com as orientações experimentadas em Vega é muito útil para vocês perceberem o plano correto da expressão. Vocês irão descobrir que a comunicação está baseada no intercâmbio de níveis vibracionais.

Vega e Lira são uma espécie de estação de passagem, e a maioria dos seres estelares estabelece para si essas experiências antes de encarnar nas dimensões mais densas deste Universo.

☆

Eu sou Hilarion, e com a pura alegria da comunicação os abençôo.

Capítulo 4

Os Triângulos de Sirius

Eu sou Sirilia, e saúdo todos os filhos estelares da Terra com a energia da dança cósmica.

☆

Recebam a energia de Sirius — agora! E deixem-se conduzir por mim na nossa criação conjunta.

☆

No início do nosso mundo encontramos um Sol Central. Vocês teriam descrito a energia como aquosa. Tudo flui e se permeia. Somos viajantes das estrelas e já percorremos uma longa jornada.

Este planeta nos atrai, convida-nos ao repouso.

Nossas energias vibram em harmoniosa ressonância com as energias do planeta. Nós mergulhamos e nos ligamos. Fluímos através das camadas e tomamos morada num grande Vórtice Excelso. Vocês podem imaginá-lo como uma grande torre espiralada e luminosa, na qual circulamos eternamente e construímos nossas pontes de conexão com o Uno maior e com nossos irmãos de todo o Universo.

A vida é uma dança, e nós transmitimos nossos movimentos às estrelas menores, que circulam em volta da nossa estrela central. Elas têm diferentes densidades, e causa-nos grande alegria experimentar os diferentes planos.

Mais e mais estrelas irmãs ouvem nossa alegria e recebem nossas ondas, e assim cresce o nosso mundo.

Acima de tudo, temos especial interesse pelas diferentes densidades, pois tomaremos morada nos diferentes planetas e ali dançaremos os seus ritmos.

Estamos sempre selecionando determinadas zonas de freqüência da nossa estrela central, para fazer um intercâmbio de experiências.

Podem vocês imaginar como são fascinantes esses encontros? Estamos sempre encontrando alterações nos campos de energia — transformamo-nos e transformamos as nossas vibrações. Planeta após planeta tornam-se, por assim dizer, de outra cor. Que alegria, essa expressão da multiplicidade na unidade!

Dançamos juntos e aprendemos uns com os outros, e tomamos parte nos processos da vibração que se condensa.

Continuamos a ser, sempre, fluidos seres espirituais, mesmo quando de variada consistência!

O Uno Universal acolhe essa nossa alegria com a transformação e em Sua infinita bondade concede-nos uma primeira forma! Que dádiva!

Em nossa consciência emerge a forma do triângulo; desse modo aspiramos à materialização desta forma divina. Compreendam que para nós, que não conhecíamos nenhuma forma, este era um novo passo na nossa evolução. Fluímos para dentro da forma, a experimentamos e começamos a manifestá-la.

Criamos a forma arquetípica, que vocês chamam de água.

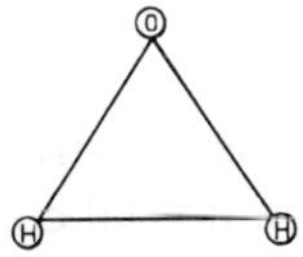

Criamos os dois pólos, com seus diferentes eixos, e o ponto de integração no qual a multiplicidade mais uma vez torna-se unidade.

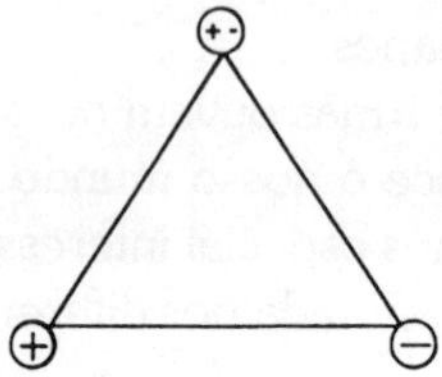

Enquanto isso, outros viajantes das estrelas recebiam nossas novas ressonâncias, e assim vieram os seres de Lira para o nosso mundo. E imaginem o nosso entusiasmo quando eles transformaram de tal modo suas vibrações que logo se tornaram visíveis!

Nas palavras de vocês, isso quer dizer que eles tinham um corpo — um corpo muito sutil e transparente, e tinham objetivos! Eles queriam manifestar o corpo, o corpo palpável.

Nós dançamos e compartilhamos nossa forma com eles, e assim emergiu um novo padrão vibracional comum.

Percebemos que podíamos compartilhar nossas vibrações para nos tornar visíveis, e nos tornamos virtualmente visíveis.

Ao longo das eras, pesquisamos e fizemos experimentos com a forma do triângulo. Alcançamos uma clara visibilidade e acumulamos todas as nossas experiências.

Constantemente surgiam outros viajantes das estrelas que faziam intercâmbio conosco. E embora nos tenhamos tornado mais densos, nosso conhecimento se expandiu e acumulamos conhecimentos e experiências da imensa amplidão do Universo.

Porém, não nos era possível manifestar um corpo de matéria densa.

☆

Por isso, agregamos todos os nossos conhecimentos para o grande experimento.

Queríamos acelerar nossa estrela central para que ela se condensasse; pois nós vibramos tal como a nossa estrela.

Quando ela se tornar mais densa, pensávamos, o mesmo também acontecerá conosco. Assim, aumentamos nossas vibrações, nossos tons se tornaram mais altos e logo nos encontramos na dança do êxtase cósmico, sustentados pelo desejo de encarnar.

Estávamos totalmente fascinados, tocamos música e dançamos, até um tom branco irradiante emergir em nós. E então a quietude. Nossa grande estrela tinha se tornado uma anã branca. Ela implodiu — diriam vocês. Desaparecida a grande morada branca, conscientizamo-nos de uma experiência totalmente nova — o calor! E não tínhamos mais a nossa morada.

☆

Muitos de nós regressaram a Sirius B, alguns seguiram para outros planetas, os demais queriam conservar e expandir esse conhecimento, e mais uma vez se tornaram viajantes das estrelas.

Compreendam, não havia em nós nenhuma tristeza, no sentido em que vocês a entendem — tínhamos unido nosso conhecimento e nossa vontade, e feito uma verdadeira grande experiência. Experimentamos o calor e, à medida que continuamos a passagem, também o frio.

Tínhamos manifestado o tom irradiante e luminoso no calor e na vibração condensada.

Tínhamos experimentado o "+" e o "-" da freqüência. E continuamos desde então, sempre investigando novos níveis, sempre em busca da manifestação do corpo. O corpo é o nosso maior desejo.

☆

À medida que nossa experiência coletiva ia se processando vagarosamente, reconhecemos também que a grande escola do conhecimento, devido ao nosso experimento, se dissolvera.

Muitos filhos das estrelas tinham estudado aqui, e todos eles desapareceram.

A consciência coletiva de Sirius pede perdão a todos os filhos das estrelas que naquela época estiveram na grande escola.

Tempos mais tarde, e através da experiência de cada um de nossos irmãos que retornaram, soubemos que nosso experimento foi para eles uma experiência dolorosa. Nós lhes pedimos que vejam a alegria do nosso ato; nunca pensamos que lhes causaríamos dor.

☆

Construímos uma nova escola em Sirius B e ali compartilhamos todo o nosso conhecimento e a nossa alegria. Se vocês que agora nos lêem, ainda são dominados pelo medo do calor branco, dissolvam este padrão e acolham os tons curadores que temos irradiado por todas as partes do Universo desde o tempo daquele experimento.

Aceitem o nosso convite para entrar, com seus corpos de luz, nos salões da grande escola estelar, onde de bom grado compartilharemos com vocês todo o nosso conhecimento e poderemos curar os seus ferimentos elétricos.

Nossa comunidade conhece essas experiências, e nós já estivemos em muitos níveis para levar a paz a nossos antigos discípulos e ajudar em sua cura.

Novamente lhes pedimos para dissolver seus medos e aceitar a ajuda de nossos irmãos estelares, muitos dos quais já encarnaram na Terra. Dancemos e cantemos juntos mais uma vez.

☆

Eu sou Sirilia, e que a alegria e o conhecimento de Sirius estejam com vocês.

Capítulo 5

As Escolas da Sabedoria de Sirius

Eu os abençôo, amigos da luz. Sou Vyvamos — por intermédio de nosso amado irmão Hilarion, da Fraternidade Branca.

☆

Eu, Vyvamos, dirijo-me hoje a vocês para esclarecê-los sobre a grande escola do conhecimento que um dia existiu em Sirius e que agora foi reconstruída.

Isso é importante para o despertar de seu conhecimento estelar, para o redespertar da sua consciência cósmica.

A "antiga" escola de Sirius — vamos chamá-la assim — foi fundada por seres de Sirius que, como vocês viram no capítulo anterior, tinham descoberto a forma divina do triângulo. Seus co-fundadores foram também, certamente, elevadas entidades do Sol Central que encarnaram em Sirius e que, com seu conhecimento e sabedoria, queriam tomar parte nas experiências que ali se desenvolviam. Essas entidades eram grandes mestres e vieram todas, sem exceção, pelo portal estelar de Arcturus (o Sol Central de Arcturus) diretamente para Sirius, sem passar por quaisquer níveis intermediários. Esse processo continua a ocorrer, sempre do mesmo modo — Sirius está em estreita conexão com o Sol Central, e assim trazia, e ainda traz, o puro conhecimento desses mestres até o nível de Sirius.

Bem. O que então aprendiam todos os discípulos na grande escola de Sirius?

Primeiro, aprendiam a perceber as diferentes dimensões da vibração, as dimensões que ainda havia por explorar neste Universo, e também aquelas que eles já haviam atravessado.

É importante vocês saberem que neste Universo, no tempo da antiga escola da qual falamos, havia 16 dimensões. Isto quer dizer: A dimensão mais elevada ficava no nível vibracional nº 16; o nível mais baixo — do ponto de vista de vocês — era a dimensão da vibração nº 1.

Vocês podem imaginar a dimensão da vibração nº 1 como a energia das rochas e pedras, entidades cristalinas que governam uma consciência de vibração nº 1.

Estou tentando explicar-lhes esses fatos por meio de seus números terrenos.

Para os discípulos da escola de Sirius, era altamente interessante experimentar com rigor científico as diferentes dimensões que já tinham atravessado e preparar-se para as muitas dimensões que ainda desejavam atravessar.

Sirius era, e continua sempre a ser, uma importante estação de passagem, onde as entidades estudam e se preparam para os programas de experiências que irão criar em sua jornada através das diferentes dimensões. É preciso que exista uma centelha de consciência para que se possa realmente entrar num nível com deliberação. Não esqueçam, amados amigos, que tudo isto está subjacente ao plano divino, o qual assume como principal característica o livre-arbítrio.

Os discípulos de Sirius também recebiam esclarecimentos sobre as formas de vida dos diferentes planetas, na medida em que estes eram habitados por formas manifestas — ou seja, corpos. Esse era um tema muito difícil, pois as entidades da grande e antiga escola de Sirius ainda não possuíam — no sentido terreno de vocês — nenhum corpo.

Mas os mestres do Sol Central agora os preparavam para as diferentes possibilidades de os corpos se tornarem manifestos — e estas eram lições verdadeiramente fascinantes para todos os discípulos! Além disso, meditavam sempre sobre a forma do triângulo, examinavam-na e se entretinham com ela. Os discípulos se postavam em triângulos, simbolizando deste modo o "mais" e o "menos", enquanto buscavam nivelar suas energias ou elevá-las, a fim de unir suas energias em pontos de integração.

Este é um exercício interessante, que vocês podem tentar em grupos — naturalmente, sem nenhum julgamento — a fim de perceberem as energias; pois sem percepção não existe nenhum ponto de integração.

Numerosos filhos das estrelas vieram de muitos níveis diferentes para estudar na grande escola de Sirius — todos aqueles filhos das estrelas que pretendiam, devido ao plano divino, peregrinar por outras dimensões e fazer mais experiências; todos aqueles que pretendiam aventurar-se mais e mais na densidade.

Em Sirius, o grande experimento de expansão da energia conduziu, como dissemos, à implosão da estrela central e à sua contração a uma anã branca. Esse processo surpreendente atirou todos os discípulos presentes para fora de sua existência; a superfície de Sirius também ficou muito mudada.

Pois bem, para todos aqueles de vocês que naquela época foram discípulos da antiga escola de Sirius, é muito importante fazer um exame muito acurado dos padrões relacionados com acontecimentos inesperados. É freqüente esses padrões estarem ligados às experiências daquela época.

Eu, Vyvamos, prontifico-me a ajudá-los com exercícios e quero aqui — se vocês o permitirem — inserir um exercício para dissolver esse condicionamento.

☆

Mantenha ereta a coluna, respire profundamente e adote uma atitude centrada e serena. Agora tome conscientemente três profundas respirações e imagine-se de volta ao exercício da Cruz de Sirius em alguma antiga escola de Sirius.

É uma sala grande, ampla, redonda e dourada, que você agora percebe, e muitos estão aqui ao seu lado.

Vocês todos se sentam em círculo, fazem suas experiências e as compartilham uns com os outros.

Governa o movimento, governa a alegria, tudo é jogo, o aprendizado é extraordinariamente expandido, estimulante e gratificante.

Agora, de repente, você recebe um símbolo.

Pegue o primeiro sinal que agora tem nas mãos. Ele é muito, muito claro...

Como você ainda não tem nenhum corpo de matéria densa no sentido terreno, tome uma respiração profunda e voe sozinho com seu corpo de luz para os planetas de cura.

Ali tudo está envolto numa clara e quente luz verde, e você pousa às margens de um grande mar azul-elétrico.

Ajoelhe-se, sinta a energia azul-elétrico da água, que na verdade não é água — nós apenas a descrevemos assim para você — e agora entre bem devagar nesse mar.

Passo a passo, sinta o frescor, a essência viva de todos os seres vivos, a alegria de toda experiência e de toda evolução, e continue avançando para dentro do mar, sempre mantendo o símbolo em suas mãos.

Entre tão fundo no mar quanto o desejar. E quando estiver pronto a dissolver essa experiência no amor, una-se ao seu Eu Superior, tome uma respiração profunda desde o seu Eu Superior até dentro do seu coração. Emita uma irradiação dourada de seu coração sobre o símbolo em sua mão, e agora mergulhe sua mão na água azul-elétrico.

Veja, sinta, perceba, ouça como a energia azul-elétrico do mar começa a dissolver este símbolo...

Sinta todo o seu corpo formigar, sinta como a energia azul-elétrico, ligada a todas as experiências do processo daquela época, se dissolve no aqui e agora. Agora que aquele acontecimento se dissolve por completo, o verdadeiro amor tem lugar no seu ser.

Não há mais nada em suas mãos quando você as tira da água. Apenas a luminosa e radiante energia. Tome essa energia, coloque-a sobre o seu coração e respire a cura deste acontecimento em si mesmo, em todo o seu ser, em todo o seu corpo...

Talvez você queira permanecer ainda um pouco mais neste mar. Quando estiver partindo, agradeça por toda a energia que experimentou, tome uma respiração profunda e retorne ao seu aqui e agora, ao seu dia maravilhoso, à sua liberdade de escolha.

Tudo o que você quiser manifestar hoje será imbuído de luz, de leveza e de alegria.

☆

Pois bem, algum tempo depois que os seres de Sirius foram para seus outros planetas e muitos voltaram a se tornar viajantes das estrelas, eles começaram a construir em Sirius B a "nova" escola estelar. Para poderem examinar e processar os acontecimentos ocorridos, os seres de Sirius buscaram outras entidades para sua escola e lhes pediram ajuda. Os mestres do Sol Central na verdade sempre estiveram lá, bem como os principais mestres pesquisadores de Sirius, mas agora eles queriam os conselhos dos seres do outro portal estelar, Antares, na nova escola. Pois Antares é o portal estelar que dá apoio à visão holística de toda a criação neste Universo.

Devido ao seu grande amor e discernimento, e para mais facilmente dar forma às experiências e processos, os grandes cientistas de Antares — vamos chamá-los assim — declararam-se prontos para ensinar na nova escola de Sirius B. Isso significava naturalmente que a Universidade de Sirius seguia agora um programa de ensino totalmente diferente. Os temas foram bem ampliados e ofereciam maior gama de escolha.

E assim é ainda hoje! Quando vocês se conectam com Sirius nos seus momentos de trabalho noturno, são recebidos nessa grande escola, que agora tornou-se um telescópio para este Universo. Aqui são coletados e armazenados os conhecimentos globais sobre cada desenvolvimento e desdobramento concebíveis neste Universo. Aqui há grandes bancos de dados, bibliotecas imensas, mantidos pelas multifacetadas manifestações e desenvolvimentos deste Universo. Sempre que vocês quiserem saber alguma coisa sobre os desdobramentos e experiências nos diversos planetas, solicitem entrada na escola de Sirius. Façam esse pedido sobre o símbolo do triângulo e alcançarão Sirius com facilidade. Peçam então para que seus irmãos e irmãs possam encontrar o mestre certo para vocês e para sua atual necessidade de conhecimentos. Esperem pacientemente até que esse mestre surja, façam suas perguntas com precisão e acolham o que lhes é dito. Vocês aprenderão principalmente a respeito do terceiro olho e do quarto olho.

Muitos irmãos de Sirius decidiram encarnar no planeta Terra sob a forma de baleias ou golfinhos. Eles o fizeram para trazer a facilidade, a alegria e o redespertar da comunicação. Pois, como vocês sabem, desde a grande experiência da dispersão dos discípulos da antiga escola, todos os irmãos de Sirius sempre buscaram ser de renovada utilidade para vocês, para que possam recuperar a chave de sua experiência estelar.

É por isso que muitos seres de Sirius foram para o planeta Terra como golfinhos e, sobretudo, como baleias.

Cada um de vocês que se sente conectado com eles, será informado sobre o quarto olho na escola estelar de Sirius B. Quem não tem contato tão íntimo com esses irmãos, será instruído principalmente sobre o terceiro olho.

Sempre poderá acontecer que seu mestre se coloque diante de vocês tendo sobre o coração sua mão de luz, de matéria sutil, e com a outra mão lhes toque o terceiro ou o quarto olho. Estes se abrirão e vocês saberão se vivenciaram o acontecimento sob a forma de movimento, dança ou fluxo de imagens.

Pela sua própria natureza, o eu racional humano de vocês tem dificuldade em traduzir essas imagens. Eu, Vyvamos, lhes digo contudo que isso não é essencial. Quando as informações se infiltram através de seus corpos de luz, geralmente demora algum tempo até que o eu racional as traduza corretamente para vocês.

Assim, tenham amor por si mesmos e dêem tempo ao tempo depois desse aprendizado.

Essa grande urgência de vocês "de conhecer o absoluto" está deslocada. Deve haver, ao contrário, a aceitação da dádiva de energia e uma espera tranqüila e cheia de confiança, até que as coisas lhes sejam esclarecidas também no plano do intelecto.

☆

Com saudações especiais do mestre de Sirius B, que hoje devo transmitir-lhes, eu os abençôo. Eu sou Vyvamos.

Capítulo 6

O Mundo Amoroso das Plêiades

Bênçãos e boas-vindas. Eu sou Aquília, do Conselho das Sete Irmãs.

Que o rio perpétuo do amor eterno esteja com você.

Eu hoje o convido a viajar comigo até a minha morada, as Plêiades.

Tome uma respiração profunda e entre em seu coração, sua esfera dourada.

Este é o espaço do Ser Uno. Aqui tudo é amor. Aqui tudo é paz.

☆

Olhe para as estrelas com seu coração, reconheça a Constelação das Plêiades e veja um casulo verde-esmeralda saindo dela e voando até você.

Inspire esse casulo em seu coração e deixe sua consciência fluir para dentro dele, tal como se você deitasse em berço macio.

Peça agora ao seu Eu Superior para envolver o casulo num manto de luz azul-elétrico, e inicie a jornada até as Plêiades.

Quem viaja assim, alcança o nosso mundo de 800 estrelas com a velocidade do pensamento.

Veja as estrelas em todos os tons de azul e verde, enquanto as sobrevoa.

Sua meta é Alcíone, a estrela central e sede do Conselho das Sete Irmãs.

Você flutua em sua órbita e mergulha, vagarosa e profundamente, numa etérica atmosfera azul-lavanda e verde-esmeralda.

Agora você pode ver que todo o planeta está envolto numa ondulante energia aquosa, um oceano verde-esmeralda — assim você o imaginaria.

Aqui e ali há grandes cidades, que têm a forma das conchas de caramujos, construídas com a espuma do mar. Você flutua na direção da maior dessas cidades. Reconhece a forma de uma concha de Vênus, da qual erguem-se torres de espuma.

Suavemente, você pousa aos pés das torres. Sai de seu casulo e nós o saudamos por meios telepáticos.

Você sente que seu coração se abre e que agora nossos corações batem em uníssono com o seu. Unidos ao coração do Ser Uno. Nós o acolhemos em nosso meio, flutuamos para a torre e para o caminho espiralado que sobe até a agulha mais alta.

Há uma sala redonda. Para você, ela talvez pareça ter os tons brancos, verdes e azuis das conchas iridescentes. Mas tudo é suave, sem solidez real, e no local onde você preferir se instalar forma-se um leito confortável.

Sentamo-nos, todos nós, em círculo. Com você, somos sete seres. Dependendo de sua experiência estelar pessoal, você nos vê como Vênus, Ísis, como as senhoras da Luz ou como verdadeira energia das estrelas.

Gostaríamos de dar-lhe um vislumbre de sua própria história; ela é também a nossa.

☆

Surge sobre nós uma espiral luminosa, o símbolo imortal de toda a criação, insígnia das galáxias e signo da força feminina.

Vínculos energéticos unem esses símbolos ao nosso terceiro olho, de modo que agora todos nós estamos conectados através do terceiro olho.

☆

Nascidos do Deus onipresente e emanados do universo da Shekinah, construímos essa região estelar. Com amor pulsante e irradiante fusão, fertilizamos e povoamos todas estas estrelas. Fundimo-nos com a sua vibração, e logo surgiu o grande campo energético do amor e da unidade. Nós todos somos e sempre fomos Um, e quando nos desprendíamos deste campo energético para fazer conexão com alguma das 800 estrelas, nos sentíamos constantemente Um com todos os outros.

Como nosso campo energético ia ficando cada vez maior, criamos um Trítono, através de cujos tons todas as nossas unidades de consciência voltavam a unir-se num grande Todo.

Desse modo habitávamos as estrelas e, graças ao nosso amor, criamos os nossos mares de formas-pensamento e as moradas deste mundo. Nós somos os mares, nós somos as moradas, tudo é Um.

Quando chegou a hora em que o nosso sistema estelar voltou a alinhar-se com o sistema solar de vocês, percebemos que existia um novo planeta girando em volta do Sol.

Que maravilha! O grande Todo universal havia criado algo novo.

Alguns de nós se desprenderam do Ser Uno e levaram nossa essência, nosso mar, para esse novo planeta. Envolvemos esse novo ser com a essência do nosso amor e a força da criação.

Quando o ciclo completou mais uma volta, percebemos que GAIA havia se transformado: surgira a forma, os animais se desenvolveram e já saíam dos mares para a terra firme. Como foi grande a nossa alegria!

Novamente alguns de nós foram até Gaia, para assimilar essas inovações e infundir um pouco mais da nossa essência.

Assim fazíamos sempre que estávamos em alinhamento direto com o Sol do sistema de vocês. Em Gaia, logo surgiu o Homem, e lá também encontramos seres de outras estrelas que contribuíram para desenvolver essa jóia do espaço.

Nossa consciência cósmica nos ensinou que ali, graças ao amor e à contribuição dos seres estelares, surgira um planeta de cura.

Através de outros seres estelares, vivenciamos muitas coisas novas, e alguns de nós começaram a se especializar. Quando os viajantes das estrelas de Sirius nos falaram sobre a forma do triângulo, alguns de nós começaram a se entreter com ela. Pediram permissão para usar a essência de nossas estrelas exteriores e realizaram um número infinito de criações baseadas na forma do triângulo. Surgiram assim as primeiras pirâmides triangulares, que logo mostraram que eram condutoras de energia.

O ciclo seguinte permitiu que construíssemos pirâmides no sistema solar de vocês. Nós o fizemos no planeta Marte, onde a população já era consideravelmente numerosa — eles usaram essa tecnologia (assim a chamavam) para gerar a energia necessária a seus projetos —, e nós o fizemos no planeta Gaia. Alguns de nós permanecemos em Gaia, por livre escolha, como guardiães, a fim de assegurar o perfeito direcionamento do raio luminoso emitido para as Plêiades. Protegemos e ensinamos os homens, que se chamavam Maias, e lhes revelamos o código galáctico. Sabíamos que teríamos de permanecer em Gaia até o próximo ciclo; e assim o escolhemos, devido ao nosso amor pelo planeta Terra.

Aqueles de nós que se dedicaram à geração de energia, com a ajuda das pirâmides circularam pelos confins do Universo. Sempre que voltavam de uma viagem, soava o Trítono. Uníamos nossas consciências e compartilhávamos todas as novidades e inovações trazidas por eles de suas experiências.

Eles se tornaram o nosso elo de ligação com os outros mundos e as outras dimensões. Em suas viagens, aprenderam a imergir em densidades mais sólidas e, com isso, também a formar suas próprias densidades. Começaram a construir campos de pouso para naves espaciais nas estrelas exteriores, para que também outros viajantes das estrelas os pudessem visitar.

Quanto mais todas essas impressões nos marcavam, mais cres

cia em nós a percepção de que não estávamos mais em condições de nos fundir com todas essas vibrações. Sentíamos uma separação contínua e crescente, mas não a entendíamos.

Foi assim que, também para nós, começou a tomar forma o tema deste Universo. O Trítono unificador se transformou, e percebemos que éramos agora duas partes de uma unidade. Embora ainda ocorressem grandes unificações, cada vez mais nosso Ser Uno seguia por dois caminhos separados.

O tema deste Universo é a dualidade, e nós reconhecemos que todos os seres que se incorporam neste Universo escolhem a experiência da dualidade. E, no seu infinito amor e sabedoria, o grande Uno fez surgir Gaia, para que, com a dualidade, pudesse ser curada a ilusão da separação.

☆

Aqui encerramos nosso encontro por hoje e conduzimos você de volta ao seu casulo, para que retorne ao seu planeta Gaia com amor e paz. Você reconquistou a conexão e nós sempre o acolheremos com amor.

☆

E com amor abençoamos sua consciência estelar que se reabre. Eu sou Aquília.

Capítulo 7

As Três Fases do Desenvolvimento de Órion

Bem-vindos, eu sou Min-Rá, filha de Og-Min, o guardião estelar. Quero contar-lhes a história da transformação do grande campo estelar de Órion.

Antes das eras em que o Filho do Uno Universal chamou à vida este Universo, todas as estrelas e todos os seres estavam envoltos na vibração da harmonia dourada. Logo os seres tomaram consciência de que havia diferentes dimensões neste Universo, e começaram a perceber as diversas vibrações. Cada vez mais a percepção foi se tornando uma avaliação e ganhando espaço. Abria portas e portões às hostes caídas. E então o Filho amoroso criou este Universo, no qual os filhos de Deus fazem sua escolha e, como os filhos e filhas "perdidos", podem encontrar o caminho de volta à casa paterna.

Não esqueçam isso, enquanto ouvem a história dos campos estelares de Órion.

☆

Na fase das vibrações douradas, o Filho do Uno Universal enviou a Órion, dos salões do Sol Central, oito seres que haviam concordado em servir como guardiães daqueles mundos.

Esses seres construíram sua morada nas três estrelas às quais vocês dão o nome de "estrelas do Cinturão de Órion". Ali reinava, havia muito tempo, uma vibração diferente daquelas encontradas nos outros corpos celestes deste grande campo estelar. A estrela central forma o "Olho" de AN, aquele portal que será cruzado por Gaia, e com ela o sistema solar de vocês, na viagem de volta.

Os oito seres divinos pesquisaram os mundos e, cheios de alegria, descobriram que eram mundos materiais. Admitiram em suas assembléias um conselheiro de cada estrela, e assim formou-se o Conselho Supremo de Órion.

Eles voltaram a Al Nilam para deliberar sobre os meios de aumentar a felicidade e o bem-estar em seus campos estelares. Os mundos queriam desenvolver-se imbuindo de espírito a matéria preexistente e habitando-a. Eles lançaram ao Universo o aviso de que todos os que se encontravam no desdobramento da matéria seriam acolhidos ali calorosamente.

Durante a fase dourada, surgiram muitos viajantes das estrelas solitários que se uniram para sondar esse mundo da matéria. E eles todos viviam e se desenvolviam em paz e companheirismo. Encontraram meios de desvendar o segredo das rochas e, em benefício de toda a sociedade, começaram a canalizar as águas até então ocultas.

Quando as notícias de um mundo material alcançaram as escolas de Sirius, muitos de seus habitantes — sobretudo os que estavam estreitamente ligados aos seres de Lira — decidiram ir a Órion para sondar as leis da matéria e estudar a forma do triângulo naqueles níveis. O Conselho Supremo de Órion deu-lhes as boas-vindas, permitindo que investigassem todos os mundos.

Ali, finalmente, eles conseguiram a manifestação no corpo e descobriram que a tensão entre o "+" e o "-" mantinha coesa a matéria.

Quando, depois de certo tempo, seus vastos conhecimentos os induziram a se sentirem como criaturas superiores, começou a formar-se uma sociedade hierárquica na qual havia senhores e servos — assim vocês os chamariam em seus idiomas terrenos.

Muitos viajantes das estrelas vieram a esses mundos, com diferentes intenções.

Logo o abismo entre servos e senhores tornou-se intransponível, principalmente quando os senhores começaram a praticar o comércio com outros mundos. Pois, através do conhecimento dos segredos do "+" e do "-", era-lhes possível retirar elementos das rochas, que acumulavam em si energias imensas. E todos os mundos materiais necessitavam dessas energias, por terem esquecido que a verdadeira energia é o alento de Deus.

Esta situação tornou tão profundo o abismo social, que alguns senhores começaram a olhar seus servos com desprezo.

O conhecimento se transformara de tal modo em poder que a "massa servil" pouco a pouco foi levada a acreditar que realmente era de menor valor. Foi assim que surgiu, através da cisão entre matéria e percepção, a fase vermelha do campo estelar de Órion.

Os oito guardiães solares do Conselho Supremo deram início a uma série interminável de diálogos com os oito guardiães dos mundos, pois conheciam os sofrimentos do povo e para eles, que tinham vindo da Unidade, essa situação era intolerável.

Os guardiães dos mundos, contudo, sentiam que a rigidez era um fenômeno natural, pois, segundo seus conhecimentos, a forma surge a partir da matéria adensada. Decidiram esperar o desenvolver da situação, observando tudo em silêncio, para mais tarde poderem sondar-lhe o sentido.

Como de costume, os recém-chegados apresentavam-se diante do Conselho Supremo e, após deliberações, a cada um deles era conferida a posse de um mundo. Mas essas deliberações tornavam-se a cada dia mais morosas, uma vez que aumentavam as divergências de opinião entre os guardiães solares e os guardiães dos mundos. Os guardiães solares perceberam, com sua sabedoria, que a ilusão da separação finalmente se estabelecera também na sua dimensão. Meditaram no Uno Universal e assim aprenderam que a harmonia da criação do Universo faria com que aquela ilusão desaparecesse por si só. Sentiram, nas profundezas do Eu, que haviam concordado em fazer a jornada através do Sofrimento. Mas sempre iriam lembrar da Unidade que repousava no âmago do Eu.

E assim chegamos à escolha do primeiro líder espiritual em toda a história do Universo. Com o título de "Príncipe da Paz", tinha como missão manter na consciência a Unidade e falar sobre o sentido da Unidade.

O Príncipe da Paz pediu aos guardiães dos mundos que escolhessem um representante da Justiça, pois queria percorrer seus mundos a fim de restaurar a paz e a justiça. Saibam, amados irmãos, que a justiça é sempre derivada do material, mas a paz é derivada do Ser Uno.

A missão a que eles se propuseram, nas névoas da separação, nunca seria cumprida; com o fracasso dessa missão, eles começaram a exaurir-se. Buscaram medidas corretivas, escolhendo novos representantes a intervalos regulares, mas com isso só se fortaleceu ainda mais a "experiência" da separação.

O idoso Príncipe da Paz sentia-se superior em sabedoria aos mais jovens, e assim a arrogância fez a sua entrada. O vale de lágrimas se abrira.

Mesmo depois de muitos e muitos ciclos de governo, não lhes foi possível restaurar a paz e a justiça. Todos estavam exauridos.

Surgiu então um viajante da estrela em trajes negros, acompanhado de sua comitiva, que lhes mostrou como ele próprio e seu povo podiam transformar a matéria em "luz". Esse ser vestido de negro propôs oferecer essa tecnologia ao campo estelar, se lhe fosse dado espaço.

Pela primeira vez em muito tempo, o Conselho Supremo de Órion conseguiu unanimidade — aquela energia de "luz" era com certeza a solução esperada. Os conselheiros solares lembravam-se de sua luz solar, enquanto os conselheiros dos mundos há muito tinham como seu maior objetivo transformar a matéria em luz.

O Príncipe da Paz que então reinava consultou seu coração e examinou os negros viajantes das estrelas. Embora também impressionado com aquela nova tecnologia, ele notou a ausência da centelha da Unidade naqueles senhores vestidos de negro. Recomendou cautela, mas por fim chegou-se ao acordo de que aquele viajante, cujo nome era Karon, poderia com seu povo habitar o mundo de Rigel.

Foi assim que os Senhores Negros entraram em Órion; e foi assim que a fase negra teve início.

Mas os Senhores Negros e seus acompanhantes eram anjos caídos, tão profundamente mergulhados na matéria que a centelha divina desaparecera totalmente de sua memória. Eles atormentaram a matéria por muito tempo, até cindirem seu núcleo divino. Com isso, podiam fazer surgir aquilo que chamavam de "luz", uma forma de energia que devia sua força descomunal à quebra da Unidade divina.

Em Rigel, os Senhores Negros começaram a construir suas negras cidades e suas minas. Com explosivos, rasgavam o coração das montanhas e abriam túneis e cavernas, e, com a liberação dos resíduos venenosos, poluíam as águas.

A população adoeceu. A água pura tornou-se o artigo mais cobiçado; ante a promessa de um gole de água pura, as pessoas deixavam-se escravizar e trabalhavam nas minas em condições de indescritível miséria.

Quando finalmente a água pura se esgotou em Rigel, os Senhores Negros armaram um exército, atacaram Saiph e subjugaram esse mundo. Depois conquistaram Bellatrix e Betelgeuse.

Os mercenários da primeira hora observaram que sobre cada mundo por eles conquistado logo se abatia a mesma calamidade, e começaram então a transmitir suas experiências ao povo de Betelgeuse.

Os líderes de Betelgeuse, criaturas amantes da paz, amavam seus penhascos e seus belos canais. Solicitaram audiência aos Senhores Negros, tentando chegar a um acordo pacífico. Mas depararam com uma inflexibilidade de granito. Os Senhores Negros se enfureceram — nunca antes acontecera de escravos se erguerem contra eles. Isso para eles era intolerável!

Eles próprios já não davam mais valor à água pura, pois há muito tempo tinham se adaptado aos resíduos venenosos.

Atiraram na prisão os líderes de Betelgeuse e os torturaram por tanto tempo, até que acabaram por arrancar deles os nomes dos traidores. Prenderam esses mercenários e neles implantaram minúsculas chapas metálicas, através das quais podiam saber, a qualquer momento, onde eles estavam, o que eles viam, o que diziam e o que faziam. Essas chapinhas metálicas eram ligadas por fios, da espessura de um fio de cabelo, a todos os centros nervosos que governam as sensações corporais. Quando uma das vítimas queria fazer alguma coisa que não estivesse nos planos dos Senhores Negros, eles enviavam impulsos que faziam a criatura dobrar-se de dor. Como vocês vêem, os Senhores Negros eram bastante engenhosos!

Eles acabaram percebendo que, através da dor, praticamente tudo podia ser alcançado. Por isso, continuaram seus experimentos em Betelgeuse, e conseguiram aperfeiçoar a técnica de implante e fazer conexões tão perfeitas que beiravam a genialidade. Logo aquelas criaturas, antes livres, haviam se transformado em robôs sem vontade própria. Através desses seres "artificiais", os Senhores Negros alcançaram seus objetivos com muito mais rapidez, já que em sua central observava-se tudo o que cada um fazia em seu ambiente.

E então se dispuseram a colocar sob seu controle todo o campo estelar, principalmente o Conselho Supremo e o Olho de AN. Para esse objetivo, alguns de seus cientistas fizeram experiências com as células dos escravos. Segundo o princípio da divisão nuclear, decompuseram as células de suas vítimas e tentaram, com essas partes, criar novos seres que fossem semelhantes aos originais e agissem como eles. Assim, criaram os clones, que reabasteciam as fileiras de seus exércitos como receptores de ordens sem vontade própria.

Graças aos escravos, conseguiram também uma célula do representante da Justiça de Betelgeuse, pois o Príncipe da Paz e o representante da Justiça continuavam ainda em sua interminável missão. Os Senhores Negros estavam agora em condições de clonar o representante da Justiça e substituí-lo. Com isso, o Conselho Supremo de Órion nunca chegaria a qualquer decisão e vaguearia, como todo o povo, pelo vale de lágrimas.

Quanto mais espaço ganhava a não-luz, mais o Príncipe da Paz e os guardiães solares lembravam-se da Unidade original e descobriram, após longa contemplação, as diminutas centelhas divinas no coração dos Senhores Negros. Isso lhes permitia diferenciar os clones das personalidades reais. Sempre que eles se uniam em amor com essas centelhas divinas, os Senhores Negros recuavam, pois este era um segredo que não compreendiam e, por mais que o tentassem, nunca foram capazes de descobri-lo.

Apesar desse saber, os guardiães solares foram obrigados a ceder aos Senhores Negros os corredores aéreos de cada mundo, simbolizados pela espada da Constelação de Órion. Devido a isso, perderam contato com as naves que ali aportavam e dali decolavam.

As estrelas do Cinturão de Órion, porém, estavam protegidas por seu conhecimento da essência divina, uma vez que metade dos habitantes de cada uma dessas estrelas se compunha de descendentes diretos dos guardiães solares, sendo assim portadores da sabedoria divina.

Esses seres eram os guardiães da luz e reuniam-se constantemente em sessões nas quais fortaleciam o coração e instruíam a alma, de modo que gradualmente recuperaram as capacidades telepáticas que tinham caído no esquecimento. Vivendo em permanente oração e constante invocação, eles sabiam que no extremo do vale de lágrimas uma nova manhã iria raiar.

Com a ocupação e transformação dos corredores aéreos, as notícias sobre os acontecimentos em Órion logo alcançaram os outros mundos estelares.

Mesmo que de início os Senhores Negros tenham conseguido várias vezes clonar alguns viajantes das estrelas, através dos quais puderam atacar outros mundos, muito rapidamente secou a corrente de naves de luz para Órion. As sementes da violência, porém, tinham irrompido... e o Universo foi abalado.

Os salões de Og-Min estavam cheios de tristeza e em todas as comunidades estelares os seres meditavam sobre uma solução e pediam ajuda ao Pai e ao Filho.

☆

Que a oração eterna de Og-Min esteja com vocês. Eu sou Min-Rá. Bênçãos.

Capítulo 8

A Destruição de Marte

Bênçãos e boas-vindas. Eu sou Monka.

Permitam que eu lhes relate como ocorreu o fechamento da Escola dos Verdadeiros Guerreiros.

Nós marcianos éramos um povo próspero, e graças à tecnologia das pirâmides pudemos aumentar nossa força e nosso saber. Erigimos nossas cidades com pirâmides, de modo que cada casa estava ligada à multiplicação da energia divina. Por muito tempo vivemos uma vida agradável aos olhos de Deus, desenvolvendo nossa força e nossa consciência em perpétua ligação com o Uno Universal.

Mas logo ficamos sabendo, por intermédio dos viajantes das estrelas que nos visitavam, das mudanças ocorridas em Órion, do começo da fase vermelha. Nossos sábios perceberam, como resultado de sua contemplação, que transformações radicais tomavam o rumo de Marte.

Por isso, nossa sociedade decidiu criar a Escola dos Verdadeiros Guerreiros. Construímos uma pirâmide particularmente grande e desenvolvemos nossa técnica até sermos capazes de transformar energia em luz e, com esses raios luminosos, "forjamos" espadas de luz. Deixem-me esclarecer bem este ponto: é claro que a espada de luz não era uma arma, no sentido terreno. Era, e ainda é, um símbolo da corrente do verdadeiro poder divino aqui e agora.

Cada discípulo, aprendendo a manejar a espada de luz, passou por muitos processos de iniciação. Aprendeu que a raiva e a ira o desviavam do verdadeiro acontecimento; aprendeu que o ato de erguer a espada de luz o ajudaria a executar, totalmente centrado no momento certo e no local certo, a ação que ele agora expressava no nível divino.

Muitos dos alunos que se tornaram Guerreiros da Luz uniram-se aos viajantes das estrelas, enquanto outros, como eu, permaneceram em Marte para instruir novos discípulos.

☆

Através do intercâmbio — vocês o chamariam de "comércio" — que mantínhamos com outros mundos, desenvolveu-se também na nossa sociedade uma hierarquia, e logo alguns de nossos irmãos começaram a se comportar como senhores.

Os sábios de nossa Escola conseguiram manter o equilíbrio durante muito tempo, mas, quando se iniciou a fase negra de Órion, muitos deles foram iludidos pelo poder evidente dos Senhores Negros. Eles esqueceram que o verdadeiro poder é uma expressão viva do coração da natureza divina.

Foi então que chegaram até nós os primeiros emissários dos Senhores Negros, exigindo que lhes ensinássemos a arte da divisão nuclear, pois eles acreditavam que essa técnica os tornaria ainda mais poderosos. A situação precipitou-se; a Escola dos Verdadeiros Guerreiros perdeu toda influência sobre os acontecimentos. Fomos descritos como hipócritas sonhadores que rodopiavam em volta de uma pirâmide pedindo pela unificação com Deus. Os escravos e clones enviados de Órion sabiam muito bem o que lhes cabia fazer, e logo a nossa sociedade estava totalmente desenraizada.

Minas perfuraram o nosso planeta, antes densamente coberto por florestas, e nossa água se poluiu. Nós, os discípulos das espadas de luz, erguemos um monumento em memória das pedras mortas, cujas almas foram roubadas pelas explosões. Ainda assim, esperávamos que a ruína do nosso planeta fosse percebida nas amplidões do Universo. Continuamos treinando nossa consciência e nossas habilidades, mas agora tínhamos de fazê-lo em segredo. Por meios telepáticos, lançávamos nossos pedidos de ajuda para o espaço sideral, sabendo que no momento certo nosso chamado seria ouvido.

E então caíram os dias negros sobre Marte.

Muitas de nossas usinas tinham sido construídas com o objetivo específico de proteger nossa atmosfera, pois sabíamos das aparições cíclicas do planeta Marduk, que sempre, ao aproximar-se de Marte, provocava tremendas mudanças climáticas. E Marduk logo estaria claramente visível no firmamento. Nossos astrônomos haviam calculado sua trajetória, e sabíamos que desta vez o perigo seria imenso.

☆

Julgamos necessária a evacuação do planeta, mas, ao falar com nosso povo, encontramos ouvidos surdos. Os poucos que acreditaram em nós reuniram-se na grande pirâmide de nossa Escola, vivendo horas difíceis. Encerrados num espaço exíguo, era imperativo resistirmos ao medo.

Nossas naves estavam prontas, e já o planeta Marduk lançava sobre Marte uma chuva de indícios de sua chegada; foi exatamente nesse momento que surgiram os Senhores Negros, com suas tropas, para se apoderarem da nossa pátria!

Uma angústia infinita nos dominou.

Para os guerreiros das espadas de luz, o anseio do coração não é lutar, mas salvar o maior número possível de vidas. Para muitos, isso significava uma severa provação; porém eles agora compreendiam o verdadeiro poder da espada de luz. Com sua ajuda, construímos um campo de força que neutralizava toda separação, permitindo que nossas naves decolassem sem nenhum obstáculo.

Enquanto a guerra bramia sobre Marte, chegou-nos uma mensagem de Ashtar, pedindo que abandonássemos a Escola e nos uníssemos aos exércitos da Luz. Ali cada um de nós recebeu novas atribuições, inclusive meu filho Soltec que, por seus conhecimentos, foi nomeado chefe da seção técnica.

Os marcianos que conseguiram escapar ao massacre dispersaram-se pelos diferentes mundos. Aonde quer que fossem, tentavam transmitir seus conhecimentos aos habitantes locais. Freqüentemente criaram novas escolas da verdadeira comunidade guerreira e ordens espirituais.

Marte foi totalmente destruído, não restando ali nenhuma forma de vida; o rosto petrificado do planeta serve como advertência para todo o Universo.

Não cortes a Unidade divina, pois com isso destruirás o Eu.

☆

Desde essa época eu sirvo a Ashtar e a Nosso Senhor Jesus Cristo nas fileiras da Irmandade Espacial. Muitas vezes encarnei nos mundos, para ensinar a mensagem dos guerreiros da luz.

Guerra, amados irmãos, é uma palavra que evoca dor e tristeza, mas o que faz surgir essa dor é a guerra da dualidade dentro de cada ser. A missão do Guerreiro da Luz, do que combate pela Verdade, é enfrentar sua própria sombra aqui e agora; é reconhecer a sombra como um outro Eu, aceitando-a e a liberando na verdadeira Unidade do coração, onde cada dualidade se liberta na Unidade com tudo o que existe.

Permita, então, que os Guerreiros da Luz despertem agora dentro de você, empunhe sua espada de luz e enfrente a si mesmo nos mais escuros recônditos da sua consciência.

Reconheça que todos os papéis que você assumiu nos seus caminhos das estrelas foram de sua própria escolha e também sua própria criação, e assim você poderá, aqui e agora, através da ação forte e luminosa, reunificar os seus papéis sombrios naquela Unidade que você é e sempre foi.

Essa "luta" dentro de você é uma espécie de dança, e quando você constrói uma pirâmide bidimensional com a espada de luz sobre sua parte clara e sua parte escura, e então abre seu coração e aceita o seu lado escuro, então você se conduzirá de novo à Unidade, que sempre será a salvação.

E então a sua espada de luz tornar-se-á, mais e mais, o cetro da autoridade divina.

Que assim seja. A força está aqui e agora.

☆

Eu sou Monka, e minha força é a sua força. Pois eu sou um outro você. Bênçãos.

Capítulo 9

O Poder dos Senhores Negros de Órion

Bênçãos e boas-vindas. Eu sou Somar de Órion. Vou relatar-lhes mais um capítulo do drama de Órion.

Como sempre, quando um povo é oprimido por pressão intensa e profunda dor, alguns indivíduos acabam se recordando de sua essência divina. Alguns daqueles seres subjugados encontraram a coragem necessária para ajudar seus irmãos. Realizaram encontros secretos e clandestinos e, após longas discussões, decidiram proteger seu povo utilizando-se das próprias técnicas do opressor. Essas Patrulhas-fantasmas, como vieram a ser chamadas, passaram a viver nas cavernas e subterrâneos, e lá desenvolveram um sistema de alarme para prevenir o povo dos ataques dos Sabujos, grupos que constantemente saíam à caça de novos corpos para clonagem.

É evidente que as Patrulhas-fantasmas não passaram despercebidas. Elas eram odiadas pelos Senhores Negros, pois tinham a coragem de oferecer resistência. Estes não esperavam ter de enfrentar uma resistência organizada. Porém manipularam com tanta esperteza o sistema de alarme das Patrulhas-fantasmas que conseguiram voltá-lo contra o próprio povo. Instalaram câmeras de observação por toda parte; cada estrada, cada trilha, cada casa foi equipada com um olho que tudo via. Uma invasão, agora, já não era mais possível. O único mecanismo criado para a proteção do povo voltava-se contra ele, e os membros das Patrulhas-fantasmas acabaram sendo capturados.

Os Senhores Negros encarregaram-se pessoalmente dos interrogatórios. De onde viria a coragem daqueles oprimidos? Eles estavam diante de um enigma. Finalmente descobriram, depois de longas torturas, uma espécie de sistema de chakras no corpo de suas vítimas. Perceberam que, usando determinadas energias, certas partes do corpo irradiavam mais energia do que outras.

Embora não compreendessem realmente esses "chakras" — não existe nenhuma palavra equivalente nos idiomas da Terra, e esses pontos energéticos não são exatamente o que vocês hoje entendem por *chakras* —, os Senhores Negros descobriram no corpo energético dos prisioneiros uma "ponte" que visivelmente transmitia aquela coragem e espírito de resistência. Depois dessa descoberta, não demorou muito até desenvolverem uma técnica para remover essas formações energéticas do corpo de suas vítimas.

E então, finalmente, alcançaram o que consideravam o verdadeiro poder. Os novos seres manipulados não eram clones e, contudo, estavam totalmente sob controle; insensíveis à dor e ao sofrimento, eram totalmente submissos, sem vontade própria, sem expressão, marionetes sem alma!

E quando começou a remoção em massa dessas pontes energéticas, o povo sofredor sentiu ainda mais medo, percebendo que lhe roubariam também o pouco que restava de si mesmo.

Em seu profundo desespero, alguns voltaram a rezar e reconheceram que eles próprios eram a constante nas trocas ao nível das encarnações, e estavam aprisionados num ciclo de vidas criminoso/guardião e vítima/escravo. Essa descoberta causou-lhes imensa tristeza, e eles não sabiam como alterar esse quadro.

Nesse meio-tempo, alguns Guerreiros da Luz de Marte chegaram ao Conselho Supremo de Órion e relataram os acontecimentos ocorridos em seu planeta. O Conselho os compreendeu e pediu-lhes ajuda. Alguns Guerreiros da Luz declararam-se prontos para ir a Bellatrix e Betelgeuse, pois lá ainda viviam alguns integrantes das Patrulhas-fantasmas que haviam conseguido escapar dos Senhores Negros.

Os marcianos, com seu grande amor, estavam prontos a ensinar os últimos seres ainda íntegros, sabendo que eles sempre estariam no momento certo e no lugar certo, para cumprir o plano divino. Alguns Guerreiros da Luz partiram para outros mundos, em busca de ajuda.

Assim começou a cura do Órion. A coragem e a luz do coração começaram novamente a se difundir no extremo do vale de lágrimas.

Por isso, amigo, eu lhe afirmo: não importa quão escuro possa ser o vale em que você caminha, siga em frente com passadas confiantes, acredite no plano divino e reconheça a luz no extremo de toda escuridão. Fortaleça sua confiança e persista, e você deixará para trás toda escuridão. E então perceberá que foi você próprio quem escolheu atravessar essa escuridão, para aumentar e consolidar a força de sua luz interior.

☆

Eu sou Somar. Com a força das chamas, com a luz de tudo o que existe, eu o abençôo.

Capítulo 10

O Impulso Amoroso das Plêiades

Bênçãos e boas-vindas. Eu sou Amrael. Venho falar-lhes sobre o grande impulso cósmico do amor.

☆

Os seres dos mundos mais externos das Plêiades notaram a fase vermelha de Órion, embora de início não lhe tenham atribuído importância especial. Eles estavam muito ocupados com suas pirâmides e com os projetos delas derivados. Como de costume, mantinham intercâmbio com outros viajantes das estrelas e também com alguns seres de Órion. No entanto, com o passar do tempo, começou a diminuir cada vez mais o fluxo de viajantes das estrelas que chegavam até nós, e foi então que decidimos, na grande Assembléia, enviar uma de nossas prateadas naves estelares a Órion.

Quando os seres das Plêiades pousaram em Órion, foram presos imediatamente. Sua densidade, muito mais sutil que a dos seres de Órion, tornava bastante difícil o processo de clonagem; mas, para infelicidade desses prisioneiros, os Senhores Negros finalmente tiveram êxito, depois de longas e dolorosas tentativas. E esses mesmos clones foram enviados de volta, para que se infiltrassem entre os povos das Plêiades.

Mas o que os Senhores Negros não conheciam, pois haviam esquecido sua ascendência divina, e também nunca conseguiriam entender, era a consciência global vinculada ao Trítono. Essa consciência chegaria a todos nós no dia em que conhecêssemos a dor. Porque tudo o que ocorresse a nossos irmãos, nós o sentiríamos no nosso próprio ser. Essa experiência totalmente nova seria gravada a fogo, de modo indelével, na nossa consciência.

Ficamos intensamente alarmados e decidimos tomar providências imediatas. Muitos de nós estavam dispostos a voar até Órion — claro que não com as prateadas naves estelares, de fácil detecção. Queríamos nos fortalecer, para salvar o que ainda pudesse ser salvo. Não sabíamos exatamente o que iríamos fazer em Órion, mas, com as bênçãos de nossas irmãs, pusemo-nos a caminho.

Assim que nos aproximamos do campo estelar de Órion, chegaram até nós as preces dos seres torturados, pois foi nessa época que os Senhores Negros conseguiram roubar-lhes o Eu através da remoção de suas pontes de energia. A dor desses seres tocava-nos profundamente, e todos nós concordamos em intervir.

Como as energias são facilmente percebidas por nós, logo encontramos as grandes galerias onde as chapas de energia eram armazenadas e vigiadas.

Preparamo-nos, tanto quanto possível, para resistir à pressão do mundo material e assim poder retirar as chapas de energia dos depósitos dos Senhores Negros. Foi preciso toda a nossa força e habilidade para penetrar nos depósitos, de onde cada um de nós carregou nos ombros uma dessas chapas.

Havíamos ido aos milhares; no entanto, entre nós reinava tamanha ressonância que cada um voou diretamente para uma chapa específica. Com as chapas nos ombros, voamos para fora dos depósitos e logo percebemos que havíamos nos tornado muito pesados e não poderíamos mais resistir à força gravitacional da matéria. Giramos e giramos, cada vez mais fundo, até percebermos um pensamento dirigido a nós que vinha do maravilhoso planeta Gaia, o planeta da cura. E assim alcançamos a Terra.

Ah, como era grande a densidade em Gaia! Quão dolorosamente o peso da atmosfera e a força da gravidade pressionavam o nosso Ser. Buscamos refúgio nos mares, e logo percebemos que nos havíamos transformado em indivíduos reais. Tínhamos um corpo. Havíamos, todos nós, nos transformado em golfinhos.

Com o passar do tempo, conseguimos nos orientar no nosso novo mundo. Amávamos o fluir e refluir das ondas e sentíamos grande alegria dentro da água; o fluxo eterno estava sempre conosco.

E então chegou até nós, através da nossa rede de comunicações, a mensagem de que deveríamos permanecer encarnados neste planeta até termos encontrado os donos das chapas de energia, devolvendo-lhes o que lhes pertencia. Era essencial, porém, que nossos irmãos de Órion lembrassem do seu Ser e de seus sofrimentos, e aceitassem de volta, de todo coração, sua própria energia.

De início, isso não nos pareceu difícil. Começamos a encarnar e sair em busca de nossos parceiros. Mas logo ficou claro que teríamos de viver muitas vidas com eles até que seus corações fossem gradualmente se reabrindo, pois era grande demais o sofrimento neles guardado.

No momento em que deixamos Órion com as chapas de energia, os seres a elas ligados tiveram a possibilidade de abandonar seu ciclo de encarnações. Muitos sentiram isso como um salto através de um "buraco negro" e, de repente, encontraram-se sobre a Terra.

É claro que os Senhores Negros logo perceberam o que havia acontecido, pois muitos de seus escravos e soldados desapareceram de súbito. Mas, nesse meio-tempo, os Guerreiros da Luz se fortaleciam em Betelgeuse e Bellatrix, e os mantinham ocupados. Para evitar que mais seres desaparecessem, os Senhores Negros abandonaram a prática de remoção das pontes de energia.

Depois de muitos combates, os Guerreiros da Luz conseguiram

finalmente fazer os Senhores Negros recuarem para os mundos abaixo do Cinturão de Órion. As estrelas do Cinturão e o Conselho Supremo de Órion mantiveram o equilíbrio entre a luz e as sombras, e assim será até que se abra o Olho de AN e o sistema solar se eleve a uma nova e luminosa dimensão.

Os Senhores Negros conservaram seus clones dos seres das Plêiades. A conseqüência disso foi que esses clones se apoderaram de uma estação espacial numa estrela exterior e de lá manipularam seus irmãos. Foi assim que todos os seres daquela estrela se tornaram servos dos Senhores Negros.

Como a manipulação foi muito hábil e aprimorada, esses seres não perceberam a mudança e continuaram acreditando que eram criaturas da Luz. É claro que se esqueceram do Trítono, pois consistiam principalmente de clones. O Conselho das Sete Irmãs, nessa emergência, ergueu uma muralha de luz para que esses seres deixassem de ter acesso aos outros mundos das Plêiades.

Mas os seres não-luminosos aperfeiçoaram suas técnicas. Como sua estrela, devido ao poder dos Senhores Negros, caíra da décima quarta para a sétima dimensão, eles dispunham agora da capacidade de se manifestar num corpo — na maioria dos casos, em corpos belíssimos — tal como queriam. Além disso, possuíam o conhecimento da energia das pirâmides. Visitavam a Terra e outros planetas com freqüência, mas a verdadeira força do coração lhes era desconhecida. Pergunte-lhes sobre a Luz, e você os reconhecerá pelos raios de seus corações.

Por isso também é importante que você, quando fizer a jornada às Plêiades, se envolva com a luz azul-elétrico para proteger-se das forças não-luminosas.

☆

Eu sou Amrael e, com o amor das Plêiades, o abençôo.

Capítulo 11

Os Círculos de Andrômeda

Bênçãos e boas-vindas. Nós somos os círculos de Aa-dra-lay e o abraçamos com a luz magenta-dourada da nossa galáxia.

☆

Nossas estrelas e planetas são habitados por seres luminosos que vêem a si mesmos como um perpétuo círculo concêntrico, do mesmo modo como foi criada a nossa galáxia. Nós estudamos e pesquisamos os segredos dos círculos, pois damos ao nosso Ser essa mesma forma divina.

O círculo é um símbolo sagrado, uma expressão da energia que desperta. Tudo o que se cria no círculo permanece nessa forma, até alcançar sua vibração mais elevada.

Nós não somos indivíduos — no sentido que vocês dão a essa palavra. Somos grupos circulares de centelhas divinas que se associam para vivenciar o movimento e o centramento. O movimento nos dá a forma, e nós nos expandimos e contraímos perpetuamente. O centramento nos ensina o menor de todos os círculos, o ponto, no qual nos concentramos em repouso absoluto.

Tudo o que se manifesta através de nossos poderes mentais é conservado no círculo e, no seu desenvolvimento, nós o observamos e cultivamos até compreendermos todas as suas implicações. E então liberamos a forma mais elevada desse pensamento na nossa galáxia, para que essa forma possa sentir a si mesma e ser conservada pelo subseqüente círculo maior, até ter percorrido todos os níveis da nossa galáxia.

No decorrer de nossa longa existência, tornamo-nos mestres dos círculos e, através da nossa ação perpétua e da nossa experiência, percebemos as leis divinas dos círculos. O crescimento é feito em círculos. As galáxias são criadas em círculos. Os universos são círculos. Deus vê a Si mesmo nos círculos.

Com as visitas dos helionautas, seres do Sol Central que pesquisam novos mundos, nossa energia e nossa forma foram levadas para todo o espaço cósmico. Em muitos mundos do Universo, os helionautas criaram imagens dos círculos sagrados para lembrar a todos os seres vivos a presença da força divina.

A forma sagrada do círculo intensifica toda vibração. Por esse motivo, encontra-se em nossos níveis também um centro de cura para aqueles seres que, nos seus caminhos através do Universo, manifestaram equívocos e confusão em suas vibrações. Vocês talvez descrevessem esses níveis como uma espécie de estância de cura. Quando a aura de um ser é permeada pela cor magenta-dourada, dissolvem-se as confusões energéticas, as tensões são removidas e cria-se a serenidade.

Tudo o que no planeta Terra é criado nos círculos, ou inserido em círculos, será conservado e permeado e terá intensificada sua vibração harmoniosa. Usem esse conhecimento quando, em conjunto, buscarem soluções para seus problemas. Insiram seus pensamentos desarmônicos num círculo e deixem que as energias se harmonizem. Facilitem a criação da paz, usando a forma do círculo. Unam-se em círculos quando quiserem evocar as energias do perdão e da cura; percebam que toda forma de energia que é evocada num círculo, intensifica seu potencial e se funde em harmoniosa ressonância com o próprio círculo ou com as pessoas que o integram.

Ajudem o crescimento dos seres que lhes trazem a luz, o mundo vegetal, deixando as plantas germinar e brotar em círculos. Isso intensifica sua energia de crescimento e promove a expressão da potência mais elevada que as plantas podem alcançar.

Os antiqüíssimos círculos de pedras da Terra são locais de intensificação de energia e, por isso, portais para outras dimensões. Quando vocês entram neles, é muito simples, para os circuitos de sua consciência, alcançar os passos seguintes da percepção e também receber informações de outras dimensões.

Contudo, todos esses dons precisam sempre se reencontrar no centro do círculo, para ali criar o ponto de Unidade, de modo que toda a experiência seja ancorada em todos os níveis do Eu consciente.

☆

Nós lhe enviamos o raio magenta-dourado para que você o absorva no seu Ser e difunda a luz por todo o seu corpo. Sinta agora a liberação de possíveis energias confusas que existem no seu Ser. Perceba a serenidade que agora permeia, envolve e circunda o seu Ser.

Sinta-se como um círculo magenta-dourado... insira seus desejos em você, pois você é o seu próprio círculo. Contraia a luz magenta-dourada e veja a si mesmo como o Eu sereno e centrado. Perceba a essência de seus desejos, permeie essa essência com a luz magenta e veja, ouça e sinta como se forma e se conserva o crescimento infinito do seu desejo, para que você mesmo possa manifestar esse desejo no seu mundo.

☆

Nós somos Aa-dra-lay, e os abençoamos com os círculos do eterno Ser divino.

Capítulo 12

A Cisão de Aldebarã

Bênçãos e boas-vindas. Eu sou Ankiel e quero relatar aqui como ocorreu a cisão do sistema a que vocês dão o nome de Aldebarã.

☆

Saibam, amados filhos das estrelas, que no plano de Aldebarã haviam feito morada muitos dos nossos irmãos de AN. Naquela época, Aldebarã era um sistema estelar da nona dimensão, um mundo todo em luminosas cores de pêssego, prata e madrepérola, mas principalmente dos mais diversos tons. Este mundo luminoso servia como estágio de transição entre os diferentes níveis dimensionais. Neste nível, os irmãos de AN começaram a filtrar partes de sua consciência e transformá-las numa espécie de protomatéria, na qual alcançavam, através de perpétua rotação num determinado nível vibracional, uma certa compressão da essência.

Experiências desenvolvidas ao longo de várias gerações transformaram alguns dos irmãos de AN (que eram vistos como seres extremamente amorosos e prestativos que progrediam no seu sacerdócio) em autênticos "especialistas" — permitam-me chamá-los assim! — na arte de separar sua matéria pessoal da essência divina e, então, colocá-la em rotação até fazer surgir da vibração divina uma espécie de "corpos giratórios" — não encontro nenhuma outra palavra exceto essa, da Geometria de vocês! Esses corpos giratórios, que logo se manifestavam quase materializados, tinham agora, através da aceleração, a capacidade de expandir a luz a tal ponto que, com a ajuda dessa luz, foi possível criar pontes de comunicação da nona à décima segunda dimensão, e também — sem juízo de valor! — "descendo" até a sexta dimensão.

Na época em que já se havia iniciado a fase vermelha em Órion, aqueles seres que vocês descrevem — quero dizer, que*nós* descrevemos — como dragões não-luminosos usurpavam os portais de entrada deste Universo para manifestar uma parte dos mais profundos abismos da dualidade, e precisavam também de estações intermediárias que os ajudassem a transformar seu ser energético num ser materializado. Os sons dos corpos giratórios em Aldebarã chamaram a atenção deles para este sistema, e eles se aproximaram do nosso campo estelar e começaram gradualmente a infiltrar nos planetas exteriores suas formas-pensamento — apenas suas formas-pensamento! Alguns dos seres que viviam nos planetas exteriores perceberam as mudanças primeiramente na manifestação dos corpos luminosos, giratórios e sonoros, que se adensavam, e de início as consideraram como um grande triunfo de seu trabalho científico. Na verdade, essa freqüência dominou as demais no espaço daqueles planetas exteriores, os quais, por assim dizer, haviam se separado em segredo de seu sistema natal, caindo profundamente na matéria; até que, sem ser notado pelos outros irmãos de AN, havia um nível de Aldebarã na sexta dimensão. Essa mudança da nona para a sexta dimensão, ignorada pela assembléia dos irmãos de AN, levava a crescentes tensões em sua irradiação de energia, cuja causa ninguém conseguia explicar, porque de repente cada lado não podia mais entender o outro.

Foi assim que aconteceu a grande separação do povo de AN. Quando essa cisão se manifestou, as energias dos seres não-luminosos não encontraram nenhum obstáculo para inundar os planetas da sexta dimensão e, assim, ganhar espaço. Isso aconteceu da seguinte maneira: Os seres não-luminosos dispunham da capacidade de "baixar" seu nível de vibração e obter um ser físico. O trabalho dos irmãos de AN com os corpos giratórios, que também manifestavam cada vez mais matéria, oferecia-lhes agora a oportunidade de se transferirem para aqueles corpos vibracionais, introduzindo-se furtivamente nos sons e freqüências vitais dos irmãos de AN e remoldando-os radicalmente. A partir desse momento, esses irmãos viveram desligados da luz divina, perderam a morada espiritual do Pai Sol e da Mãe Lua, e sofreram, com a consciência do amor, também a expansão de seu amor. Esses infelizes irmãos de AN estavam totalmente possuídos por entidades estranhas; seu próprio Eu pessoal e individual dissolvia-se cada vez mais, até atrofiar-se numa pequenina centelha da luz divina.

É claro que os irmãos de AN da nona dimensão escaparam à transformação sofrida pelos planetas exteriores; agora, porém, eles não suportavam mais nenhuma mudança. Como se viam incapazes de manter as pontes de comunicação, suspenderam temporariamente o trabalho com os cristalinos corpos giratórios e, desse modo, interromperam a conexão com as dimensões superiores e inferiores. E, para tirar das manifestações não-luminosas qualquer possibilidade de conseguir mais espaço, eles encapsularam totalmente os corpos giratórios.

Muitos de vocês, amados irmãos de AN, possuem dentro de si algumas partes dessa lembrança. São elas que dizem: Quando estendo minha comunicação aos mundos espirituais, torno possível um abuso por parte do lado não-luminoso; quando abro meus canais, as energias não-luminosas podem ocupar meu Ser individual e transformá-lo, contra a minha vontade.

Entendam, bem-amados irmãos, que tudo o que aconteceu em Órion, todos esses grandes conflitos, são fatos históricos antiqüíssimos. Muitos de vocês armazenaram, na esfera transpessoal, memórias de suas encarnações na nona ou na sexta dimensão de Aldebarã. E isso leva freqüentemente a um bloqueio entre o décimo primeiro e o décimo segundo chakras. Também a área do décimo sexto chakra costuma ficar um pouco reduzida, de modo que o fluxo de luz sofre limitações. Por isso nós convidamos vocês a uma purificação e limpeza, para que se tornem livres.

Os poderes não-luminosos "parasitaram" o corpo dos irmãos de AN e os utilizaram, como se fossem marionetes, durante todo o tempo em que precisaram permanecer aqui. Depois se descartaram daqueles que lhes tinham servido de "hospedeiros" e abandonaram-nos a si mesmos, enquanto continuavam a viagem até Órion. Esses corpos que ficaram para trás permaneceram energeticamente intactos, mas destroçados em termos físicos — se assim posso me referir ao nosso nível. Precisaram de longuíssimos cuidados intensivos até poderem se recuperar daquele pesadelo. Os irmãos da nona dimensão permaneceram junto deles, ajudando-os com atos e palavras. Embora o choque finalmente tenha sido superado, os planetas exteriores permaneciam no nível vibracional da sexta dimensão. Contudo, a dolorosa experiência da própria transformação — permitam-me continuar chamando-a assim! — fez destes irmãos de AN os guardiães da verdade, e eles agora sabiam o que deveriam observar. Muitos Og-Min são provenientes desses seres.

Nas fileiras dos guardiães estelares de Og-Min, eles protegiam as câmaras do verdadeiro saber para impedir qualquer abuso futuro nas pontes de comunicação. Entendam, porém, que era uma livre escolha dessas almas, apesar de todos os sofrimentos, fazer justamente essa experiência em seu caminho evolutivo, e que isso é que dá sentido a essa experiência. Não é à toa que esses seres são hoje os verdadeiros guardiães da verdade neste Universo.

Se vocês têm dúvidas quanto à pureza dos intermediários de mensagens espirituais, utilizem os irmãos estelares de Aldebarã que foram para Og-Min e, como antes, guardam e conservam a chave da verdade; conectem-se com as forças de Og-Min para protegerem seus canais, sempre que necessário.

Compreendam, também, que tudo isso é uma história muito antiga e que só está sendo relatada, aqui e agora, para que vocês possam resolver as dificuldades que existem no ser de vocês. Pois é através do aumento da vibração que os antigos bloqueios vão sendo, por assim dizer, "erguidos" à luz da consciência. Para sua libertação, isso é inevitável, pois não é só a Terra que se ergue. Este Universo se ergue... nunca percam isso de vista em suas ações.

☆

Eu sou Ankiel e, com a luz de AN, os abençôo.

Capítulo 13

Os Sete Templos de Vênus

Eu sou Sanat Kumara, e meu amor os envolve.

☆

Do coração uno, doei minha energia ao seu sistema solar, pois o amor abrangente do Uno Universal contém imensa solicitude pelo Universo de vocês. Eu fluí e experimentei a mim mesmo em sete aspectos do Ser divino, que são:

a autoridade divina,
a sabedoria divina,
o amor divino,
a graça e a misericórdia divinas,
a verdade divina,
a cura divina e
as leis divinas para este sistema solar.

Assim surgiu a família dos Kumaras, com seus sete templos.

Escolhemos como foco energético aquele planeta espiritual a que vocês dão o nome de Vênus. O planeta Vênus literalmente forma uma porta na dimensão espiritual de Vênus. Esta Vênus visível é uma estação transmissora virtual para a distribuição das energias que os Kumaras fazem fluir no sistema solar de vocês, a fim de promover o processo de cura da dualidade.

Muitas de suas almas passaram por múltiplos aprendizados, nos níveis dos diferentes templos. Nós, os Kumaras, e nossos ajudantes da Luz aqui preparamos e cultivamos o seu Ser, para que vocês possam assimilar melhor as missões cósmicas na sua consciência, que se transforma a cada estágio de desenvolvimento.

Entre as diferentes encarnações, vocês freqüentemente procuram um dos sete templos, sobretudo quando o plano divino prevê-lhes uma mudança de dimensão.

De acordo com suas experiências, vocês percorrem gradualmente todos os aprendizados dos templos.

No **Templo da Autoridade**, aprendem a perseverança e a disponibilidade para a verdadeira dedicação ao grande trabalho de cura da dualidade. Neste templo, vocês recebem o cetro da autoridade, que lhes traz a orientação divina e concede-lhes a força da manifestação do poder do amor. Sua esfera transpessoal será permeada de luz e força divina, para que vocês recuperem a coragem e se renovem ao entrar naquelas dimensões onde completarão o caminho de cura.

No **Templo da Sabedoria,** vocês recebem de volta as chaves impressas na consciência estelar de vocês, as quais lhes serão úteis, em todas as suas missões, para reconhecer o verdadeiro saber e transformá-lo em ações. Neste templo, os circuitos da consciência de vocês são alimentados e revivificados, a fim de absorverem a luz amorosa que cada vez mais lhes ilumina o espírito. Assim vocês aprendem a entender seus caminhos das estrelas, podendo realinhar a si mesmos e suas manifestações com o coração uno e verdadeiro, que é o amor divino.

No **Templo do Amor**, suas almas aprendem a sentir a verdadeira dedicação a todos os seres. Nele, a centelha divina redescobre sua beleza e aprende a infundir o espírito de beleza e serenidade nos vários aspectos do nível no qual suas almas experimentam a si mesmas. O espírito — a essência divina — ilumina toda matéria na qual penetra, para manifestar o amor por tudo o que existe. O coração galáctico de cada centelha divina irradia, neste templo, o amor original para todos os níveis de encarnação. As centelhas de luz fortalecem seus elos com os níveis das mônadas e encontram ajuda e apoio mútuos nos seus caminhos de encarnação neste sistema solar.

No **Templo da Graça**, vocês experimentam a cura de suas experiências e a graça do perdão, para que possam começar, totalmente purificados — ou seja, livres de todos os elos de que estão sobrecarregados — o próximo trecho da jornada. Neste templo, as almas de vocês vivenciam as motivações mais elevadas das infinitas e multifacetadas experiências que vocês, de vida em vida, oferecem a si mesmos e aos outros.

No **Templo da Verdade**, vocês esclarecem suas experiências; reconhecem suas manifestações; e seus campos mentais são permeados por visões do amor que cura. Aqui, vocês alcançam um vislumbre da ampla Totalidade deste grande Universo, e reconhecem que a verdade divina sempre caminha de mãos dadas com o amor louvável. A verdade nunca poderá ser uma espada cortante; a verdade é sempre a expressão do coração uno e o reconhecimento dos muitos caminhos.

No **Templo da Cura**, vocês recebem o maravilhoso corpo emocional, cuja existência se deve à consciência unificada e amorosa dos Kumaras. Com o corpo emocional, torna-se possível à alma desenvolver a verdadeira compaixão e, assim, entender melhor as alegrias dos mundos que estão no caminho das almas. A tristeza e o sofrimento só surgem no corpo emocional quando vocês começam a julgar as múltiplas formas de expressão do Uno divino e, através disso, vão acumulando padrões.

No **Templo das Leis Divinas**, vocês aprenderão a religar-se ao Uno Universal em sua força trinitária, e estudarão os diferentes atos nos quais Deus experimenta a Si mesmo. A integridade de vocês será promovida, bem como a orientação para a justiça ampla e amorosa. Vocês adquirem a força do amor para reconhecer seus programas, pois esse é o caminho para restaurar e fortalecer a unidade divina de tudo o que existe.

Vocês têm a possibilidade, a qualquer momento, de expandir a consciência nos sete templos de Vênus.

Os Kumaras enviaram aspectos do seu ser ao planeta Gaia, onde eles servem como uma âncora desses templos e dessas energias divinas, e assim ajudam os filhos estelares da Terra a manifestar a luminosa ascensão do planeta e de todo o sistema solar.

Enfim, compreendam, foi o amor que nasceu da existência deste sistema. Foi o amor que vocês sentiram com essa experiência e o reconhecimento do programa da dualidade que leva à sua reconciliação.

☆

Eu sou Sanat Kumara e, com imenso amor por todos os seres, os abençôo.

Capítulo 14

A Evolução de Gaia

Que a luz e as bênçãos de toda a Frota estejam com vocês. Eu sou Ashtar.

☆

Fomos enviados pelo Pai a este Universo do Filho para aqui mantermos a luminosa verdade divina. Nossa primeira pátria foi Vênus, e naquele mundo pesquisamos as condições deste Universo da dualidade. O amor e a unidade que lá reinavam fortaleciam-nos para a nossa missão. No nosso meio, o Filho deu forma a Si mesmo e preparou-se para sua missão de cura em Gaia.

Assim, vivíamos na luz do Uno Universal em abençoada harmonia. O Filho, porém, ensinou-nos que neste Universo reina também a escuridão, ao lado da luz. O livre-arbítrio de cada ser age de modo a fazer com que ele experimente a si mesmo nas profundezas da criação, passando também pela separação da Unidade e, assim, criando a escuridão a partir de si mesmo.

Quando as hostes caídas entraram neste Universo, elas buscavam a estrutura guerreira adequada para dar combate ao seu inimigo. Encontraram então o nosso povo, e logo começaram os conflitos entre a luz e as sombras. Seu medo da luz, profundamente arraigado, fazia das hostes caídas um terrível adversário.

A continuidade desses conflitos nos fez mudar nossa existência. Criamos a Frota e conseguimos uma nova morada. Para nossas fases de recuperação, o mundo espiralado da Constelação de Centauro era um local mais apropriado do que o planeta Vênus, flutuando livre no espaço.

Em Alfa de Centauro, construímos nossas novas cidades de luz e nossas academias. Passávamos a maior parte do tempo percorrendo este Universo em nossas naves de luz, com a finalidade de deter os poderes das trevas. Como não tínhamos o direito de intervir no livre-arbítrio dos povos, pudemos apenas observar como a situação em Órion seguia seu curso desastroso.

Depois que os guerreiros das espadas de luz se incorporaram às nossas fileiras, eles pediram para serem levados a Órion, onde ofereceram seus serviços. Conseguiram fortalecer de tal modo as centelhas divinas em Betelgeuse e Bellatrix, que nos foi possível novamente intervir e prestar-lhes ajuda. Já havíamos supervisionado o vôo dos seres das Plêiades, bem como a desincorporação maciça dos seres de Órion.

O Filho deu-nos instruções para escoltar todos esses seres até Gaia, pois Gaia é o planeta de conversão para todo o jogo da dualidade. Nesse planeta iria ele, o Filho do Uno Universal, oferecer a si mesmo a fim de manifestar a cura da separação através da abertura da energia crística.

Transmitimos essa boa nova a diversos planetas e sistemas estelares, ao mesmo tempo que lhes pedíamos para doarem ao planeta Gaia seu amor e respeito por todas as formas espirituais manifestas que haviam se tornado matéria.

Em resposta, cada povo estelar enviou mensageiros à Terra. Os seres de Sirius, que haviam aprendido a lidar com a matéria durante a fase vermelha de Órion, começaram a trabalhar com as primeiras plantas. Introduziram códigos estelares nas células vegetais, de modo que as plantas se desenvolveram e se diversificaram rapidamente. Os seres da Galáxia de Andrômeda trouxeram suas formas espiraladas e ajudaram na formação dos primeiros caracóis. Os exilados de Marte criaram na Terra um novo espaço vital. Vieram até mesmo os seres de Lira, com seu perpétuo anseio de explorar novos mundos, mas acharam Gaia ainda pouco desenvolvida; como dádiva, nela deixaram os cristais de ácido silícico, o silício. Os seres de Vega deram aos animais novas cadeias genéticas, possibilitando assim maior variedade na propagação das espécies.

Em suas andanças, muitos viajantes das estrelas solitários ouviram relatos sobre o desenvolvimento de Gaia e os propagaram pelas amplidões do Universo. Cada ser honra à sua maneira a terceira força divina, Shekinah, a energia feminina que em Gaia tomou forma para poder dar à luz um novo Universo. Shekinah e suas filhas, as Plêiades, protegiam e vigiavam o processo de desenvolvimento.

Mais e mais desenvolvia-se em Gaia um tipo humano andrógino e esguio, que surgira a partir de diversos povos estelares. Esse ser estudava e pesquisava com entusiasmo seu mundo, e sempre aprendia coisas novas com os viajantes das estrelas.

Já que nunca antes houvera um mundo como Gaia, os próprios viajantes das estrelas tornaram-se discípulos que queriam entender este mundo. Os homens da Terra, porém, os admiravam — seus mestres, afinal, podiam elevar-se nos céus e pareciam ser muito mais sábios do que eles próprios; transformavam as plantas por meio de aparente magia, multiplicavam as colheitas e controlavam o curso das águas.

Os viajantes das estrelas apreciavam esse papel e deixaram que os homens da Terra os transformassem em deuses, mesmo sabendo que ante o trono do Pai todos são iguais. Mais uma vez manifestava-se uma separação.

Assim que percebemos o que estava acontecendo, apelamos ao Conselho Galáctico, que imediatamente convocou um primeiro congresso. Foram convidadas almas de todas as raças estelares que agiam na Terra, de toda consciência animal, de toda consciência vegetal e de toda consciência mineral. Deliberamos por longo tempo.

Gaia é um planeta que gerou a si mesmo. Os minerais conservam o saber original da criação; as plantas ancoram a luz e lhe dão forma; nos animais vive a força indestrutível da criação. O Conselho decidiu então tirar da androginia os filhos estelares da Terra, para que pudessem procriar. A idéia de Homem e Mulher surgia no mundo. Cristo, nosso Senhor Todo-Poderoso, abençoou essa idéia, sabendo que o amor é a única força capaz de curar tudo. A união do homem e da mulher deve produzir a Unidade, a integração do "+" e do "-". Os filhos estelares da Terra devem aprender que, ao fundir a energia do pólo positivo com a energia do pólo negativo, encontramos o ponto de integração, a Unidade divina. E no reconhecimento desse Ser Uno baseia-se também a cura de todo o Universo do Filho. Assim aprovada pelo congresso galáctico, a idéia foi transmitida e disseminada no campo de consciência de Gaia, onde vagarosamente começou a tomar forma.

☆

Eu, Ashtar, lhes digo: Reconheçam a dádiva que lhes foi concedida e curem-se pela percepção. Separação é sempre ilusão; em todo ser separado está a Unidade. Respeitem-se e se amem como homem e mulher, como o "+" e o "-", como opostos que desejam fundir-se num único ser. Sem respeito pela diferença, vocês jamais reconhecerão a essência de Deus dentro de si mesmos.

Pois Deus é o holograma onipresente do ser.

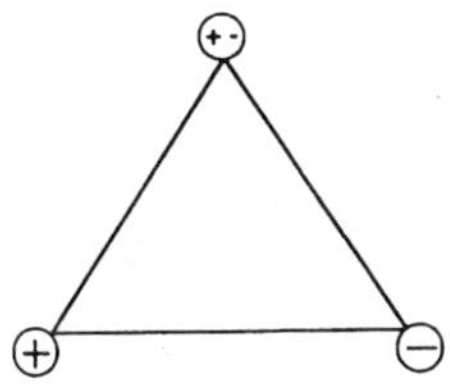

Meditem sobre isso e reconheçam a liberdade própria de ser.

☆

Eu sou Ashtar, e os abençôo com o conhecimento das estrelas.

Capítulo 15

Atlântida e Lemúria

Bênçãos e boas-vindas. Eu sou Dirhiyn. Venho do mundo passado e quero falar-lhes sobre ele.

☆

O planeta Marduk cruzou o sistema solar na sua grande trajetória cíclica e, com a força da gravitação, transformou a face de Gaia.

Onde antes era mar, estendiam-se agora as terras; o que antes era terra firme, agora estava coberto pelas marés. Foi assim que surgiram dois novos continentes: Lemúria e Atlântida. Alertados pelos mensageiros de Marduk, muitos embarcaram em navios para sobreviver à inversão do mundo. Outros agruparam-se no continente da Atlântida e pediram ajuda a seus irmãos estelares. Logo desenvolveu-se ali uma sociedade iniciática de alta tecnologia.

Lemúria, pelo contrário, ficou adormecida até que nossas ancestrais, as Plêiades, novamente estivessem alinhadas com o nosso Sol. Os seres das Plêiades viram aquele solo adormecido e reconheceram ali o pólo negativo das energias da Terra. Puseram-se a caminho, em suas naves prateadas, para visitar Gaia.

Mas eles não perceberam que, nesse meio-tempo, os atlantes tinham alterado a atmosfera da Terra através de correntes elétricas. Foi por isso que um número imenso de suas naves prateadas se despedaçou e muitos de nossos irmãos sofreram, pela primeira vez, a morte física, material. As naves foram destruídas e seus ocupantes, aprisionados na matéria. Mas eles não se entregaram por muito tempo à dor e à tristeza, e logo começaram, com seu amor, a despertar a Lemúria. Plantaram o saber das estrelas nas pedras, para que ele se conservasse também na matéria densa, e criaram então um novo povo.

Éramos altos e tínhamos os cabelos castanhos e os olhos verde-esmeraldas dos seres das Plêiades. Nossos sentidos eram expandidos, de modo que nos comunicávamos com tudo o que existe. Todo tipo de vibração era respeitado por nossas idéias e costumes. Com nossos cânticos, encorajávamos o desabrochar das plantas e, assim, elas produziam as mais esplêndidas e perfumadas flores e frutas. Através de nossas vibrações, entendíamo-nos com os animais, que logo vieram viver ao nosso lado como verdadeiros amigos. Sabíamos que nossos ancestrais tinham encarnado nos golfinhos e deles aprenderam a sabedoria, a alegria e o prazer de brincar.

Amávamos a Terra e tudo o que ela nos presenteava com sua imensa bondade; ela era a grande Deusa-Mãe. Assim vivíamos em harmonia com tudo o que existe.

Foi então que vieram os navios brancos dos atlantes, e com eles veio a dor.

Os atlantes não entendiam nosso idioma telepático. Eles tinham expandido a tal ponto o terceiro olho que o receptor telepático, o quarto olho, se atrofiou.

Uma vez que tinham decidido apoderar-se de tudo o que encontrassem, precisávamos aprender a nos proteger deles e foi assim que retornamos às cavernas. A tempestade sempre passava depressa, e depressa a Deusa curava as feridas com sua energia vital.

Mas logo os atlantes começaram a nos capturar e nos levavam

para longe de Lemúria. Embora nos embrenhássemos cada vez mais nas entranhas da Mãe Terra, as incursões inimigas não tinham fim. O pânico e a dor nos atordoavam.

E então me pegaram! Eu conversava com uma fonte à luz da Lua Cheia quando eles caíram sobre mim e me levaram acorrentado até um de seus navios brancos. Reinava um pandemônio indescritível quando eles nos atiraram, a mim e aos meus companheiros de infortúnio, no porão do navio. Logo sentimos um cristal batendo em ressonância, e o navio começou a mover-se. Os atlantes fizeram a Deusa trabalhar para eles!

Essa constatação acabrunhou-nos até o mais fundo do nosso ser; estávamos diante desse novo mundo como diante de um enigma! A travessia demorou longo tempo; muitos de nós adoeceram, outros perderam a esperança e abandonaram o corpo.

Quando chegamos em Atlântida, sentimos a onipresença das ressonâncias que forçam os cristais a se abrirem e a ajudar, com sua energia, a suprir as estruturas às quais eles davam o nome de cidades. Arrastaram-nos pelo chão zumbidor que confundia nosso sistema energético e nos atiraram em suas prisões subterrâneas.

De tempos em tempos um de nós era levado e não voltava nunca mais. Estávamos perturbados e tomados pelo medo. Foi então que me levaram. Enviei a meus irmãos uma despedida muda e segui os guardas por corredores infindáveis até uma sala onde sofri a humilhação de um banho em público; esfregaram minha pele de tal maneira que quase me esfolaram.

Levaram-me então a uma sala redonda, que vibrava com confusas ressonâncias, e me fizeram deitar sobre uma mesa e me amarraram firmemente. Tentei comunicar-me com eles através do olhar, mas seus olhos mantinham um frio profissionalismo. Começaram a ligar ao meu corpo diversos aparelhos, cujas vibrações me torturavam. Depois rasparam minha cabeça. Tiraram de mim os meus cabelos. Ah, que sacrilégio! Os cabelos são sagrados para a Deusa, tanto que nunca ousamos despojar outro ser de seus cabelos ou pêlos. E tampouco relutaram em abrir meu corpo e até meu crânio. Finalmente, abandonei meu corpo — mas eu queria compreender, de todo modo.

No nível para o qual eu fui, na Unidade com o meu Eu Superior, percebi que eles queriam sondar nossa capacidade de compreensão telepática. Eles eram de tal modo aferrados ao corpo e à técnica que não conseguiam apreender a idéia de que o nosso ser surgiu da harmonia amorosa com a Deusa.

Meu Eu Superior pediu-me para ficar ali e observar os acontecimentos. Deixei minha consciência penetrar num dos pilares e nele permaneci petrificado. Devagar, aprendi a traduzir as vibrações dos atlantes, até que finalmente consegui compreender seu idioma. Não foi fácil, pois sua fala mudava conforme eles vibravam. Como muitas almas da Lemúria também haviam penetrado nos pilares para observar os acontecimentos, podíamos agora ajudar nossos irmãos a deixar seus corpos. Embora a cada vez os atlantes "sofisticassem" seus experimentos — era assim que chamavam aquela tortura —, pouco a pouco a ausência de resultados fez com que eles desistissem dessas pesquisas, e durante algum tempo tivemos sossego. Através da rede de comunicação dos golfinhos, soubemos também que o nosso povo gradualmente se recuperava dos horrores.

Entretanto, as forças que queriam tomar tudo para si ganhavam cada vez mais espaço no coração dos atlantes, e por fim só restaram as intrigas e as lutas pelo poder.

Certo dia, trouxeram um atlante à sala e o amarraram sobre a mesa. Também abriram-lhe o corpo, mas só um pouco, e retiraram algumas células; depois fizeram o mesmo com um dos nossos. Mudaram os equipamentos da sala e instalaram muitos outros aparelhos. Começaram então um novo experimento: as células retiradas eram transferidas para grandes cristais com vibrações assustadoras; as células do ser da Lemúria giravam na direção anti-horária, e as do atlante na direção oposta. Assim que a carga elétrica se concluía, eles juntavam as células positivas e negativas e deixavam-nas, literalmente, "atiravam" uma na outra.

As novas unidades celulares assim obtidas eram então inseridas em diferentes seres da Lemúria, e também em alguns atlantes, e eles observavam as transformações que ocorriam nos objetos experimentais. Como as implantações não deram bons resultados nos atlantes, os testes ficaram restritos aos seres da Lemúria. Porém, eles agora tratavam suas vítimas com mais consideração. Construíram para elas jaulas espaçosas e lhes permitiram livre acesso à água. Meus irmãos estavam prontos para receber as novas células, pois elas também eram uma expressão material da Deusa, e assim consentiram na transformação de seus corpos.

Depois de um longo espaço de tempo, a separação se consumou: os seres da Lemúria existiam agora como homens e mulheres. Reconheceram a beleza um no outro e começaram a se unir. Dessa maneira, as crianças cresciam no ventre das mulheres.

Essas crianças eram vistas como algo muito especial, e foram cuidadas e protegidas pelos atlantes. Quando eles mais tarde descobriram que, com as células ovulares ou seminais dessas crianças, era possível também a transformação das próprias pessoas, não perderam um só minuto até que todo o povo estivesse dividido em homens e mulheres.

Os homens desenvolveram a técnica e buscaram a glória através de grandes feitos; as mulheres, que traziam em si os genes da Deusa e reverenciavam a terra e a água, as pessoas e os animais, logo foram totalmente subjugadas pelos homens. Quando as mulheres se recusavam a aceitar a exploração e seus opressores eram perigosos, elas sofriam abusos violentos ou eram postas nos claustros. Ali, as sacerdotisas conservavam o saber da Deusa e mantinham o equilíbrio com as classes dominantes.

Com o passar do tempo, cresceu ao infinito o desejo de poder dos atlantes e, com ele, a necessidade de mais energias. Quando receberam visitantes de estrelas desconhecidas e ouviram falar dos Senhores Negros e de sua capacidade de cindir a matéria, convidaram alguns deles e os hospedaram. E assim começou a decadência do povo da Atlântida.

Os primeiros experimentos foram realizados no continente da Lemúria e este, como conseqüência, começou a submergir. Logo vacilou também o superaquecido continente da Atlântida, e, por fim, o mundo todo afundou em cinzas e escombros.

Eu e meus irmãos deixamos os pilares onde mantínhamos nossa vigília e novamente nos encontramos na Unidade de nosso Eu divino.

Nossa intenção, ao relatar-lhes todas as nossas projeções nos diferentes níveis, era a de lhes explicar como o poder aniquila a si mesmo quando menospreza as leis da Deusa que lhes deu a vida.

☆

A Deusa está com vocês. Que o amor os envolva. Eu sou Dirhiyn.

Capítulo 16

As Culturas Megalíticas

Eu sou Amrael, e quero falar-lhes sobre a antiga era da Deusa, quando encarnei para viver a experiência do crime. Pois é somente desse modo que o ser pode experimentar a separação. Assim como somos vítimas, também somos criminosos. Somente quando reconhecermos esses ciclos como um jogo de dualidade é que poderemos tomar o caminho para a morada do nosso Eu divino.

☆

Alguns dos mundos externos da Atlântida e da Lemúria sobreviveram ao raio devastador. As águas inundaram uma área imensa dos antigos continentes, e lentamente novos mundos foram surgindo das marés.

Poucos filhos estelares da Terra sobreviveram, e ainda assim privados de toda técnica. O mundo vegetal foi quase todo destruído, pois as plantas não suportaram a perversão da luz. Os animais ficaram tão perturbados que se afastaram dos homens e começaram a temê-los.

O homem aprendeu a sobreviver num mundo coberto por uma dura camada de gelo. As mulheres lembravam-se cada vez mais de seus antigos conhecimentos e, como geravam as crianças e traziam em si os ciclos da Lua, tornaram-se as guardiãs do povo. As tribos perambulavam pela Terra e, em suas andanças, chegaram à beira-mar, onde encontraram grandes círculos de pedras. Elas logo perceberam que dali podiam acompanhar o movimento do Sol e das estrelas, e algumas mulheres escolhidas permaneceram naqueles locais para estudar e ensinar. Elas viviam de acordo com os ciclos do Universo, e logo abriram portais aos conhecimentos ocultos. Grandes templos foram erguidos em honra à Deusa, criaram-se ritos. Com as cerimônias, vieram à tona lembranças de encarnações passadas. Consternadas, elas recordaram alguns episódios sobre a destruição e exploração da Deusa. As mulheres eram filhas da Deusa, e juraram que nunca mais deixariam isso acontecer de novo.

Porém, nem todas as tribos que perambulavam pela Terra respeitavam a Deusa. Assim, foi possível que uma jovem sacerdotisa, ao afastar-se do templo, tenha sido brutalmente violada por um caçador errante. Quando sua mãe, a Grã-Sacerdotisa, encontrou o cadáver profanado da filha, a raiva e a dor a deixaram fora de si e ela jurou vingança.

Todos os homens foram confinados num campo, quer fossem jovens ou idosos. Aquele erro, cometido por um único homem, seria pago por todos eles. Dissolveram-se as famílias; os homens, a partir de então, viveriam separados das mulheres.

Eles faziam o trabalho árduo e difícil, enquanto algumas mulheres treinavam as artes da guerra. Aos quatro anos de idade, os meninos passavam a viver na "aldeia" dos homens.

Assim surgiu uma cisão profunda, e homens e mulheres viveram separados, pois não entendiam mais a beleza um do outro.

As mulheres geravam cada vez menos, e tinham medo de ter filhos do sexo masculino porque estes lhes seriam tirados; elas estavam diferentes, eram estranhas.

Mas o amor humano sempre triunfava, vencendo todas as barreiras, e o povo sobrevivia.

Em certo momento minha alma escolheu, para sentir as profundezas da cisão, o corpo de uma menina. Minha mãe me amava, eu era sua única filha e sua confidente nas horas mortas da saudade. Freqüentemente ela me falava de meu pai e do imenso amor que lhe dava coragem para esgueirar-se do campo de prisioneiros e vir vê-la. Ela engravidou, e pouco antes do meu nascimento eles foram descobertos pela Grã-Sacerdotisa. Meu pai foi condenado à morte; minha mãe, após dar-me à luz, recebeu permissão para voltar ao templo — mas na casta mais baixa. Se eu fosse um menino, ela me criaria até eu atingir a idade de quatro sóis e depois teria de me repudiar, a menos que tivesse a sorte de unir-se a alguma tribo nômade; a maioria das mulheres, porém, viviam sozinhas até ingressarem no serviço da Deusa.

Mas eu era uma menina e ela podia ficar comigo e viver junto com as sacerdotisas menores. Minha mãe vivia sempre mergulhada em profunda tristeza, pois — era o que me dizia — perdera seu outro Eu. Um dia ela ficou doente e logo foi para os braços da Grande Deusa.

Cresci, mas nunca esqueci seus ensinamentos. Em toda criatura estranha e diferente havia, portanto, o nosso outro Eu. Passei facilmente pelos vários processos de iniciação e logo fui admitida no círculo das sacerdotisas maiores.

Pouco víamos os homens, pois vivíamos protegidas no recinto interior do templo. Mas uma noite, quando eu estava no círculo de pedras em comunicação com a pátria estelar, abriu-se o véu de minha consciência e me lembrei de mim mesma, um ser estelar voador, trazendo à Terra uma chapa de energia. Por um instante surgiu um rosto na minha visão, e seus olhos eram o pólo oposto dos meus.

Desse dia em diante, eu sentia com crescente clareza a dor secreta que existia dentro do coração das poucas mulheres grávidas, e quando eu via um homem, a distância, meu coração sempre doía. Com algumas das minhas companheiras acontecia o mesmo.

Mas muitas delas endureciam o coração, umas poucas engravidavam.

A Grã-Sacerdotisa estava profundamente indignada. Até na mais sagrada comunidade já se propagara aquela "dissipação animal" — como ela a chamava. Ela meditou sobre o assunto por muito tempo. E depois anunciou, como ordem da Deusa, que no próximo solstício deveríamos realizar um sacrifício para erradicar a impureza dos homens.

As jovens sacerdotisas que serviam a rainha, dentre as quais estava eu, deveriam oficiar a cerimônia. Em uma Lua Cheia, fomos levadas para o Útero da Terra e pedimos punição por nossos desejos impuros. No solstício, fizeram-nos entrar em transe; a luz do Sol nos feria os olhos. Quando alcançamos os portões do templo, que eram marcados por grandes pedras em pé, eu percebi, apertando os olhos, que todos os homens haviam sido enfileirados e eram vigiados pelas guerreiras. A Grã-Sacerdotisa entregou a uma de nós a tigela sacrificial e, a mim, uma faca de pedra.

A Grã-Sacerdotisa guiou a minha mão, quando eu fiz um corte profundo no peito do primeiro homem. Eu sentia o ódio na pressão da mão dela sobre a minha, tornando o corte mais profundo. O sangue, símbolo da Deusa, foi recolhido na tigela sacrificial, tirando a energia vital daquele homem. Depois, duas guerreiras o levaram até os portões exteriores e lançaram-no à Mãe Oceânica: se conseguisse alcançar a Ilha da Lua, ele seria livre para seguir seu próprio caminho. Aquilo aterrorizou-me até o mais profundo âmago do meu ser. Eu nunca mais confiaria em sumos-sacerdotes ou grã-sacerdotisas. Contudo, a vontade dela dirigia a minha mão, e meus olhos não acreditavam no que eu fazia. Cada vez mais senti a dor daqueles homens atordoados, que, como minha mãe me havia ensinado, eram um outro Eu. Quando essa frase emergiu na minha consciência — eu acabara de cortar-lhe o peito —, olhei nos olhos do homem e eram os olhos da minha visão. Ouvi o apelo e o lamento do meu Eu Superior e por um instante, abandonei o meu corpo.

Na branca luz amorosa do Eu, reconheci a alma do meu outro Eu, cuja chapa de energia eu havia trazido à Terra. Toda a sua dor era também minha, mas ele estava, como muitos de seus irmãos estelares que haviam vivido em Órion, endurecido e insensibilizado. Porém, mesmo que sua consciência ainda permanecesse fechada, sua alma me reconhecera. Meu Eu Superior o acompanhou e, com sua luz, esse homem conseguiu alcançar a Ilha da Lua. Muitas vidas depois, seu Eu divino lhe devolveria a memória, quando o Portal Estelar II:II começou a abrir-se e o Olho de AN redespertou.

O abuso de poder acontecia então através das mulheres, e eu percebi que nada se purificara, como nos fora prometido. O abismo nos separava cada vez mais.

Muito tempo depois, na Era de Peixes, os homens iriam lembrar-se disso e torturariam até a morte as mulheres com obsessões divinas e as queimariam no fogo, tal como agora o sal do mar lhes queimava o corpo. Concentrei minha força divina e retornei ao meu corpo terreno. Logo me afastaram dali, pois eu mostrara ser indigna de servir a Deusa na sua forma de Grã-Sacerdotisa. Eu já não tinha mais valor como sua servidora. Fui repudiada.

Saí pelo mundo afora e liguei-me a uma tribo nômade. Eu os ajudava, quando possível, com meus conhecimentos. Observava o amor entre os homens e as mulheres — algo que ainda não parecia possível para mim mesma, pois eu carregava comigo a culpa.

Comecei a falar-lhes sobre os filhos das estrelas e os mundos distantes e, com minhas histórias, aquecia o coração daqueles homens e mulheres durante as longas noites de escuridão. Quando abandonei meu corpo e alcancei o meu Eu divino, fui levada à minha pátria estelar. Minhas irmãs mostraram-me o ciclo temporal de Gaia, e eu jurei que lutaria para estabelecer a unidade do homem e da mulher até todos nós retornarmos, através do Olho de AN, para nossa pátria espiritual.

No Pai Sol e na Mãe Lua, toda a dor da separação se dissolverá e todos nós nos fundiremos na consciência do Eu Uno. As pedras do antigo templo sobreviverão às eras e ensinarão todo aquele que ali pedir entrada. Minhas irmãs mostraram-me também o antigo templo ao qual eu seria conduzida, mais tarde, para cumprir parte da minha missão. Pouco antes de abrir-se o primeiro portal no caminho das estrelas II:II, recoloquei ali a pedra guardiã do conhecimento sobre os sete estágios da cura da dualidade. Também aos meus irmãos do mar estende-se esse conhecimento, para que o coração partido possa unir-se e crescer até alcançar um único coração divino.

Fortalecida com o imenso amor por toda existência e todas as experiências, voltei a novas encarnações na Terra. Muitas vezes reencontrei o meu outro Eu — meu irmão estelar de Órion — e muitas vezes absorvi em mim sua dureza e senti em mim, profundamente, a sua dor. Em muitas vidas eu o servi; em algumas vidas, fomos bons amigos; em muitas vidas, ajudamo-nos mutuamente, até que a atenção que tínhamos um pelo outro tornou-se tão grande que escolhemos encarnar juntos como marido e mulher.

Muitas vezes recebi padrões da antiga vida de crimes, e eu teria preferido ser a vítima. O desenvolvimento exigiu um tempo muito longo. Todos os meus conhecimentos de nada me serviam, a chapa de energia permanecia comigo e, com ela, o excesso de sentimentos. Em 11 de janeiro de 1992, quando a primeira porta do Portal Estelar II:II se abriu e nos tornamos uno no amor, a chapa de energia refluiu facilmente para o seu corpo de energia. Ele reconhecera a si próprio e a sua história e receberia o amor, e no amor eu o libertara das profundezas do meu ser.

Assim, temos agora a chance de ser plenamente nós mesmos e de aprender a amar a diferença do nosso outro Eu.

☆

Com todo o amor curador das minhas Plêiades de origem, eu lhes dou o meu abraço.

Capítulo 17

O Reino Estelar de AN

Bênçãos e boas-vindas. Eu sou Ankiel, do reino estelar de AN.

☆

Somos uma grande família estelar, e o Uno eterno ordenou-nos tomar morada no Universo do Filho para proteger os caminhos do sistema solar.

No mundo da Atlântida e da Lemúria, construímos o templo de AN sob as águas, e quando a Atlântida afundou e a nova terra emergiu, unimos firmemente as cidades divinas com o planeta Gaia. Isso ocorreu na região a que vocês hoje chamam de Andes. Durante muito tempo oferecemos à Terra e a todas as suas criaturas nosso saber e nosso amor.

Conservamos intactas as passagens, para que os luminosos viajantes das estrelas pudessem transmitir seu saber aos filhos estelares da Terra e, em troca, aprender as lições deste planeta gerado na Luz. Nós honramos o Pai Sol e a Mãe Lua como a Unidade que, por amor, escolheu polarizar-se.

AN está ligado a muitos mundos estelares, e muitos filhos das estrelas seguem nossos ensinamentos sobre a expansão e a atração, sobre o movimento de afastamento e o reencontro. Muitos dos nossos ensinamentos estão presentes na sabedoria dos peles-vermelhas, que guardam nosso saber em suas danças e tradições.

Porém, quando o Filho do Uno Universal doou-Se a este planeta, a força de Cristo, o coração uno, expandiu-se por toda a consciência terrestre e nós retiramos nossos templos e nossa presença. Pois a partir desse momento, todo filho estelar da Terra podia escolher livremente entre abrir-se para a consciência crística ou afundar na profunda separação.

Começamos então a construir o Olho de AN, pois o momento era propício. Gaia, fecundada pelo Filho, recriaria em si mesma e a partir de si mesma todo o sistema. Nossa missão era preparar o caminho para o seu renascimento.

Unimos nossas energias às do Conselho Supremo de Órion e começamos, no plano etérico, a criar o "olho" sobre Al Nilam.

Através desse olho, dessa passagem, todas as energias luminosas deste Universo alcançariam um nível mais elevado. Ali se manifestaria o ponto de conversão, no qual tudo o que existe volta a vibrar com o Ser Uno.

Somos os guardiães desse portal e os protetores de seu caminho. Conduzimos vocês, através dos onze portais ou cerimônias, até sua mais elevada consciência cósmica. Enfrentamos os príncipes e poderes das trevas, para quem o caminho ao Ser Uno significa perigo.

Como sempre, ajudamos nossos amados irmãos estelares da Terra, bem como a amorosa entidade estelar Gaia, em seus processos de transformação. Somos os guardiães dos escudos de energia azul-elétrico, que dissolvem no amor as energias não-luminosas.

Nós sempre os apoiamos quando vocês dissolvem as forças não-luminosas da matéria, seja libertando a si mesmos ou purificando as passagens e os locais de seu planeta. Para fazer isso, vocês precisam de ensinamentos e de grande vigilância. Mas todos nós, da grande família estelar de AN, carregamos dentro de nós o saber e a missão de abrir totalmente os portais para a consciência crística.

☆

Eu, Ankiel, fui incumbido de informá-los sobre o estado das redes de comunicação. Gaia criou-as já em seu próprio nascimento. Essas redes mantêm as energias em equilíbrio e sustentam as plataformas continentais. Seus pontos de interseção são transmissores de descarga, através dos quais Gaia recebe a energia da consciência estelar, através dos quais libera sua transformação. A luminosa Irmandade Espacial esforça-se para conseguir a estabilidade das redes de comunicação, pois a elas estão ligados todos os chakras da Terra, tanto os antigos quanto os novos, bem como o túnel dimensional através do qual viajamos.

Hoje, a consciência dos filhos estelares da Terra está de tal modo desperta que eles próprios assumem a responsabilidade pelo seu planeta... E isso é maravilhoso. Para vocês, que ainda vivem na terceira dimensão, a cura de Gaia é mais fácil e direta do que para nós em nossos níveis. Muitos de vocês, que já encarnaram nas fileiras da Irmandade Espacial, agora estão em Gaia como numa espécie de infantaria, digamos assim, para proteger as redes de comunicação e libertá-las das emanações não-luminosas. O lado não-luminoso tenta sempre continuar seu trabalho destruidor, seja através de testes nucleares ou infiltrando energias da não-luz.

Trabalhem sempre com a luz azul-elétrico e com o curador ouro-rosado de nosso amado Sanat Kumara. Em nossa ação conjunta e amorosa, estaremos ajudando Gaia, o planeta de cura.

☆

Eu sou Ankiel e, com o infinito amor do Pai Sol e da Mãe Lua, os abençôo.

Parte Dois

A Cura da Dualidade

Capítulo 18

Os Sete Passos Para a Cura da Dualidade (uma iniciação)

Nesta parte do livro, eu gostaria de compartilhar com você minhas experiências pessoais de aprendizado e os conhecimentos que adquiri na minha viagem de iniciação. Passei por todas essas experiências no outono de 1991, sob grande tensão emocional. Toda a minha vida, todos os meus planos e idéias, e mesmo o meu casamento — meu marido traía minha confiança com outra mulher — pareciam quebrar-se. Era como se eu estivesse totalmente sozinha para a construção e desenvolvimento do nosso centro de luz.

Para mim, confirmava-se que eu deveria manter minha promessa, nesta vida, de construir e preservar esse centro. Les Champs Chamagne é um antigo local de força no maciço montanhoso dos Vosges, que já existia nos primórdios deste mundo. Tanto meu marido como eu já havíamos encarnado nesse lugar, em diferentes vidas; Vyvamos nos informara, através de minha mestra Janet McClure, que certa vez, numa encarnação chinesa, nós dois precisáramos deixar um templo porque não havíamos obtido suficiente força humana nem mental, e nem autoconfiança bastante para completar as missões escolhidas por nós mesmos. Desta vez, eu sabia que não queria que minha missão fosse prejudicada por nada no mundo.

Ali estava eu, totalmente desenraizada, na minha dor, com o medo da perda, sem experiência, dedicada a um projeto de construção que aparentemente não podia realizar. Eu estava desesperada e à beira de um colapso. Minhas emoções conturbadas acabaram por me exaurir, de modo que eu apenas podia deitar-me e ansiar pelo sono.

Mas o sono não queria vir. Emoções e pensamentos inconcebíveis circulavam pelo meu sistema. Só me restava, com o resto de minhas capacidades, buscar o centramento e tentar relaxar o máximo possível. Comecei a rezar. Invoquei o bem-amado mestre Hilarion, meu guia e professor. Invoquei por todos os mestres e mestras da Fraternidade Branca cujos nomes me vieram à mente, e lhes pedi ajuda e orientação. Todos eles vieram até mim e permaneceram visíveis em torno da minha cama. Mas nenhum deles dizia uma só palavra. Enviavam-me luz e me sorriam compassivos — mas em total silêncio!

Percebi que me acalmava e que conseguia deixar as energias da cura fluírem através de todo o meu corpo. Hilarion fez-me um sinal para que eu olhasse para cima. Do espaço sideral movimentava-se na minha direção, num curso espiralado, um corpo cinza-escuro. Quanto mais se aproximava, mais eu me dava conta de seu tamanho e de sua forma. Era uma espécie de monolito, com cerca de 1,80 m de altura e 30 cm de espessura. E esse corpo caía sobre mim. Olhei para os mestres. Pedi ajuda. Eles me enviaram coragem e compaixão, e me fizeram sentir que tudo estava em total harmonia. E então o monolito entrou no meu corpo e amoldou-se à forma do meu segundo chakra. A dor e o impacto do choque foram tão grandes que eu respirava como se estivesse em trabalho de parto e tinha a impressão de estar flutuando meio metro acima da minha cama.

Quando consegui novamente respirar de modo normal e o impacto se dissolveu a ponto de me permitir sentir meu corpo, olhei para os mestres. Eles me transmitiam, através do sorriso constante, coragem e força. Eu soube, no âmago do meu ser, que era uma iniciação. Deixei de oferecer resistência e aceitei o acontecimento. O monolito estava plantado dentro de mim e eu sentia sua força e vibração. Não havia mais dor, só a consciência plena de sua forma que se projetava a 1,60 m à frente do meu corpo físico.

Hilarion concedeu-me o sono, e sem transição deslizei para o esquecimento temporário.

Na manhã seguinte, Johannes, meu amigo espiritual, procurou-me, e depois que lhe contei sobre aquela noite e o corpo cinza-escuro colocado dentro de mim, ele me perguntou: "O que você quer fazer agora?" E, de repente, eu sabia que a primeira coisa a fazer era sair dali e viajar até o mar. Ao mesmo tempo, eu via uma paisagem à minha frente, ainda desconhecida, e o nome de um lugarejo bretão começava a formar-se na minha mente. Uma amiga ajudou-me a fazer as malas e assumiu meus encargos cotidianos, enquanto Johannes prontificava-se a acompanhar-me na viagem. Eu me sentia mal, fisicamente, e quase não conseguia me movimentar com aquele corpo dentro de mim, tanto que muitas vezes Johannes precisou me apoiar.

Como nenhum de nós dois tinha idéia correta da nossa viagem, deixamo-nos conduzir pela intuição. Compramos um mapa rodoviário, definimos em linhas gerais o caminho na Bretanha, e seguimos em frente.

Durante a viagem e as paradas que fizemos, percebi que com a aceleração do carro e com a nossa "concentração no tema", o monolito dentro de mim começava a se movimentar. Na primeira parada, num bar à beira da estrada, descobri que no monolito estavam registrados vários níveis de conhecimento. Ficamos algum tempo observando e experimentando essas informações. Quanto mais nos aproximávamos do nosso destino, mais profundas eram as informações, que se tornavam compreensíveis para nós; e com cada estágio de cura que atingíamos, mais o monolito movia-se através de mim.

Mal havíamos chegado à Bretanha quando minha amada mestra Janet chamou-me no meu canal e me explicou o sentido dessa iniciação, o motivo para a nossa encarnação terrestre, nossos caminhos das estrelas e as missões a eles ligadas. Foi então que ouvi pela primeira vez sobre o encontro entre os filhos estelares das Plêiades e de Órion. Senti a grande ofensa feita pelos irmãos de Órion e percebi que eu era a portadora da chapa de energia do meu marido.

De nenhum outro mestre, a não ser de Janet, obtive esse saber. Eu tentara de todos os meios irradiar de volta a meu marido a chapa de energia, que não pertencia a mim e sim a ele. É claro que não funcionara, e mais uma vez Janet me esclareceu: tratava-se de um caminho de cura, que não pode ser forçado, e a cura resultaria do reconhecimento mútuo e da criação do Ser Uno dual.

Fizemos uma parada e descobrimos um antigo templo logo ao lado da rodovia. Era um templo de práticas, da época das matriarcas, e ali Janet transmitiu-me a compreensão.

A cultura matriarcal tinha a tarefa de preservar o saber sobre nossa origem estelar. A cisão daqueles andróginos filhos estelares da Terra já havia ocorrido na Atlântida. Com a submersão do continente, perderam-se muitos pontos de força e muito saber. As mulheres conheciam, por causa de seus ciclos, as órbitas da Lua e da Terra. Elas preservaram e restauraram o antigo saber. Devido a seus conhecimentos, logo obtiveram uma destacada posição na sociedade e, assim, surgiu uma casta de sacerdotisas. Embora não entendessem por que os homens não sangravam, essas mulheres santas conheciam a força do sangue, o suco doador da vida da Mãe Terra. Parecia que aos homens faltava alguma coisa; eles eram diferentes, porque não estavam sujeitos aos mesmos ciclos. Com o passar do tempo, iniciou-se o juízo de valor, pois eram as mulheres que asseguravam, devido ao poder de dar à luz, a continuidade da vida comunitária. Foi assim que elas criaram rituais onde se vertia o sangue dos homens escravizados. A partir da idéia original da dualidade — que é, em si, a alegria na diversidade — e dos fragmentos remanescentes de conhecimentos sobre a origem estelar e as diferentes linhagens, surgiu a polaridade, a separação.

Janet forneceu-me indicações precisas sobre todos os antigos templos das eras remotas, e pediu-me para extirpar e curar esse equívoco nos locais onde tudo teve início, em nome de todas as mulheres, mas também para mim mesma, pessoalmente.

E então ela me ensinou a reconhecer outros aspectos da minha missão estelar e a compreendê-los. Minha missão pessoal era tornar esse saber compreensível para os homens e para as mulheres, e mostrar-lhes, se assim o desejassem, os caminhos para a cura. Além disso, devolvi ao meu companheiro sua chapa de energia — o que só foi possível quando ele também pôde entender e aceitar. Compreendi então por que havíamos celebrado um casamento espiritual, cuja missão era alcançar a unidade nesta vida, ou seja, superar a polaridade. Pois unidade significa verdadeira liberdade. Meu amado fortalece em mim a energia masculina, e eu revivifico nele as energias da Deusa.

Minha mestra ajudou-me a entender que toda outra mulher é para o meu marido um espelho da completitude. Ela é um ser em sua força, na sua total conexão de energia. Daí brota a alegria da criação. A força criadora pode manifestar-se de maneira real quando se eleva acima do desejo carnal.

Uma vez que eu carregava para ele essa conexão de energia desde minha encarnação amor/ladrão nas Plêiades, sinto sempre um excesso de emoções. Existe entre nós um encontro de almas que fazia de mim a guardiã de sua chapa. De vida terrena a vida terrena eu o seguia, ao lado dele e atrás dele, para devolver-lhe a energia. E, por isso, acumulei incontáveis sofrimentos; minhas experiências de ser o "cordeiro sacrificial" tornaram-se cada vez mais fortes, até que eu estava, aqui e agora, pronta para dar a mim mesma o caminho curador do reconhecimento.

Com isso, ele me dá minha conexão com a Terra e eu lhe devolvo a sua energia. Quando ambos nos aceitamos completamente, surge um Ser Uno na dualidade, e em nós dois cria-se então a própria cura.

Na silenciosa e sábia energia do antigo templo, senti-me pronta para assumir essa missão. Ali, metade do corpo que estava dentro de mim deslizou através do meu ser. Precisávamos agora encontrar um local à beira-mar e consumar o ritual de cura.

Prosseguimos nossa viagem. Minha mente dava cabriolas, mas agora eu estava pronta para purgar meu orgulho, confiar realmente e seguir o caminho até o fim.

Nossa intuição nos guiou sem nenhum desvio à cena da minha visão. Reconheci que aquele era o local onde esperei por Janet na noite de sua morte terrena e onde ela me transmitira uma mensagem. Meu companheiro e eu mergulhamos profundamente em nossas encarnações passadas, e ambos experimentamos a cura de velhos sofrimentos e nos alegramos com a nossa ajuda mútua.

Apoiados pelos Mestres da Luz, e com a ajuda do mar infinito, pudemos lavar de nossos sistemas todas as equivocadas energias do orgulho, da avidez, da cobiça e da inveja. Juramos viver a alegria da dualidade e tornar visível aos outros essa alegria, para que eles voltem a encontrar a energia da Mãe Terra; e então ela também poderá, por sua vez, curar e manifestar-se em leveza e alegria.

O templo matriarcal era imenso, e ainda estavam de pé as pedras mais importantes, que encerravam a sabedoria secreta das terras pagãs. Num menir, o antigo portão de entrada ao interior do templo de cura, consegui perdoar a mim mesma e a todos os homens e elementos do planeta Terra que sempre me fizeram passar pela experiência da dor, da vítima, do ferimento. Com isso, a consciência de vítima apagou-se do meu corpo sutil, soltando-se como uma fita espiralada, e eu pude então perdoar a mim mesma toda a dor e todas as energias equivocadas que sempre havia sentido. Pela primeira vez, eu sentia minha força e a confiança em mim mesma e no plano divino para minhas encarnações.

O verdadeiro amor está além do medo.

Enquanto consumávamos o ritual de cura para a polaridade na velha pedra do sacrifício, a pedra do coração partido, o monolito desprendeu-se de mim com os sete passos de cura e ancorou-se no menir. Dali irradia-se o conhecimento dos estágios da cura, através do mar, para todos os seres que dele necessitam. Pelos meus irmãos golfinhos, foi enviada às Plêiades uma mensagem sobre a atual disposição receptiva dos filhos da Terra. A pedra do antigo coração partido irradia essa mensagem, através da rede de comunicação, às fileiras de pedras de Carnac e a todos os outros planos terrestres que compartilham dessas experiências.

Oramos e pedimos a força, em nós mesmos e em todos os seres participantes, para amorosamente desempenharmos nossas missões e trazermos à vida a alegria da diversidade. Vi muitas pessoas, conhecidas e outras na época desconhecidas, com quem eu deveria trabalhar para a cura do drama de Órion. De repente, entendi muitas estruturas e modos de comportamento da minha família biológica e espiritual. Agora eu percebia em mim a autoconfiança e a força para desempenhar a missão de minhas encarnações passadas.

Com a ajuda desse saber e dos exercícios, e com muita paciência e autenticidade, consegui levar adiante o meu casamento. Eu não me permitia mais ter nenhuma dúvida, aquietava constantemente minha mente e tinha absoluta certeza de que a cura se seguiria. O milagre ocorreu, e meu amado absorveu em si o saber, no qual aos poucos desabrochou. Quando festejávamos com nossos amigos, em 11 de janeiro de 1992, aqui em Les Champs Chamagne, a abertura do primeiro portão, a chapa de energia soltou-se do meu ser e passou para ele. Foram momentos de grande felicidade, de absoluto reconhecimento de nossa singularidade e de um grande amor. Nós éramos um. Sem manipulação, sem pressão, simplesmente apenas através do comum acordo com tudo o que existe.

Principiei, conforme II:II, a ensinar os passos da cura nos meus seminários, e quando compartilho o saber com você, aqui nestas páginas, estou desempenhando mais uma parte da minha missão estelar.

No trabalho conjunto com os filhos estelares da Terra que participam dos meus seminários de treinamento — graças à sua grande disposição de encontrar a sombra, eu própria aprendo muito —, reconheci que também a cura do drama de Órion flui em pares sobre um triângulo. Como poderia ser diferente?

Quando um par Plêiade/Órion se reencontra, geralmente surge um grande amor, sobre cujo caminho na vida repousam infinitos mal-entendidos e sofrimentos, a incapacidade (ou a má-vontade) de compreender. Os pares Plêiade/Órion nem sempre se reencontram como homem e mulher; conheço alguns desses pares que são pais e filhos, irmãos ou amigos do mesmo sexo.

Na nossa época de aumento da vibração, o saber curador é livremente dado à Terra e se manifesta sobretudo nas crises de cura. Apesar disso, é comum a "plêiade" não conseguir se separar de seu par "órion", já que neste, em contrapartida, a dedicação perpétua e ostensiva permanece totalmente ativa. Na verdade, o "órion" quer amar e ter sentimento, mas por lhe faltar a conexão de energia entre o plexo solar e o chakra da laringe, ele não consegue sentir realmente. Ele desenvolveu as noções e os hábitos do amor e do sentimento, mas está preso em sua própria couraça e, na maioria das vezes, exaure-se numa consciência racional demasiado poderosa; isso parece deixá-lo endurecido e inacessível. Ao mesmo tempo, ele é infinitamente solitário — ele suspeita isso, mas realmente não o percebe. Tenta tornar-se completo, buscando preencher suas insuficiências de todos os modos possíveis. Sente um grande medo de manipulações e, para não ser manipulado, ele mesmo manipula.

A "plêiade", por sua vez, nada num excesso de emoções. Não consegue separar claramente seus sentimentos, quer e exercita a dedicação absoluta, e sente, no seu âmago, orgulho por ser constantemente a vítima. Muitas vezes se faz de fraco e doente, com essa consciência de vítima, para obter reconhecimento. Ele manipula com sua pretensa dedicação, com sua eterna disposição de servir e, às vezes, com sua saúde frágil.

Ambos, o "órion" e a "plêiade", estão separados de seu verdadeiro eu, da verdadeira força interior, e ambos precisam coragem e disposição para olhar a si mesmos. Quando isso acontece, quando o reconhecimento ganha espaço e o mútuo julgamento na parceria diminui, a cura pode se estabelecer.

Para isso, muitas vezes é necessário um ponto de integração.

Esse ponto costuma ser uma terceira pessoa, que atua sobre a relação e a arranca, através de sua força e de sua unidade consigo mesma, dos pantanais da paralisação e do sofrimento. Isso não precisa sempre ocorrer de modo tão dramático, como aconteceu comigo e meu marido! Como uma "plêiade com chapa", eu era especialista em dramas, e precisei de muitíssima energia para enfrentar essa iniciação. Nos dramas produzimos muitíssima energia. O eu emocional, condutor de todas as nossas energias, é sempre o mesmo, quer se trate da dor ou da alegria; ambas atraem as energias que fazem abrir-se as portas trancadas da nossa memória.

A cura, em si, é a devolução da chapa de energia ao parceiro de Órion; um ato gracioso que não pode ser forçado de maneira alguma. É também freqüente que o membro "plêiade" da parceria tenha mais facilidade para reconhecer sua história e origem. Mas ele não deve forçar seu parceiro de Órion, pois essa coação apenas levaria este último a um maior endurecimento! Em primeiro lugar está sempre o trabalho em si mesmo, também e principalmente numa parceria. Quando você consegue invocar a admirável coragem para observar seus programas-padrão profundamente arraigados e então resolvê-los (e para isso existem muitos exercícios, entre outros o exercício do mundo espiritual na terceira parte deste livro), você muda e, tal como você, algo também muda na sua relação. Passo a passo, a crítica diminuirá e o reconhecimento mútuo da singularidade de ambos irá aumentar. A cura flui no ser quando o reconhecimento já está presente.

Toda a ajuda do mundo espiritual está à nossa disposição. À medida que nos reconhecemos e nos permitimos a cura, também estamos curando nossos semelhantes e nosso maravilhoso planeta.

Nem todos os filhos das Plêiades que agora estão encarnados na Terra são portadores de chapas. E tampouco falta, a todos os seres de Órion que estão incorporados na Terra, a conexão de energia. Em algumas dessas longas parcerias, a devolução da chapa já ocorreu em encarnações anteriores e, como existe um profundo amor e solidariedade entre os parceiros, juntos eles se renovam, livres dessa obrigação. Muitos nem têm origem na zona negra de Órion, ou alcançaram a Terra através de outros caminhos das estrelas. No fundo de si mesmo, você percebe com toda a clareza as ressonâncias dos caminhos das estrelas e talvez da conexão Plêiades/Órion. Confie na orientação divina e você experimentará sempre, no tempo certo, aquilo que é importante para a sua maior iluminação.

Capítulo 19

A Purificação do Ego

Este é o primeiro passo da cura, que me foi revelado pelo corpo monolítico de energia.

Durante muitos anos, dediquei-me a destruir o meu ego, pois estava plenamente convencida de que o egoísmo era a pior de todas as características do ser terreno. Através do egoísmo surgem o sofrimento e a dor, todo tipo de destruição, a guerra do homem contra seu semelhante, contra o mundo animal e vegetal, contra a própria Mãe Terra. Nas profundezas do meu ser, eu estava tão assustada com as conseqüências do egoísmo em mim mesma e nos depósitos de memória das minhas encarnações, que tomara a decisão de liquidar o egoísmo e, na medida do possível, viver somente a "dedicação" e o "amor", tal como os entendia. Uma das minhas melhores amigas vivia me perguntando por que eu sempre me deixava explorar, ser usada sem cerimônia, e sempre me dispunha tão prontamente ao papel de vítima. E eu lhe respondia que sabia e percebia com clareza que o único caminho para a dissolução do egoísmo era o verdadeiro caminho da dedicação e do amor. Mas naquele tempo eu ainda não entendia direito o amor, nem a dedicação, e muito menos a minha força!

Como eu ainda não estava preparada para contemplar o meu egoísmo, que apesar de bem escondido naturalmente estava presente, separei-me da força dinâmica do meu ser. Num universo dual ambas as forças, as receptivas e as dinâmicas, precisam ter o mesmo valor, ambas precisam desenvolver-se para que seja possível a percepção do ponto de integração — o verdadeiro coração.

A energia dinâmica é fertilizadora, doadora da vida, faz com que as coisas e os acontecimentos existam. E naturalmente sua energia pura produz também nos seres o egoísmo e então, veja, quando ela percorre nosso depósito de energia e se conecta com as nossas experiências — que não fizemos apenas nesta vida —, essas se manifestam aqui, na velocidade do relâmpago, com cada estímulo. Pois a principal tarefa dessa energia consiste em manter vivo o sistema, em assegurar a sobrevivência. E todos nós temos um número suficiente de hábitos e padrões insolúveis que nos ensinaram, através das nossas experiências, o melhor meio de sobreviver na situação atual. Também percebemos que ganhar é geralmente mais prazeroso do que perder.

Mas simplesmente permanecemos nesta vida que agora vivemos. No estágio do engatinhar, começamos a pesquisar nossas fronteiras. Precisamos passar pela experiência de que a nossa cálida e nutridora fonte de segurança não está mais à nossa perpétua disposição. Sim, percebemos, até mesmo com espanto, que essa fonte é motivo de discórdia entre nós e os outros. É claro que começamos a lutar pelo nosso "bem maior". Com essas lutas, conquistamos nosso lugar na constelação familiar, nossa posição social, posses e prestígio. Estabelecemos e defendemos nossas fronteiras. Com isso, desenvolve-se a nossa consciência do eu. E é aqui que o nosso ego começa com seus jogos: Eu quero, eu ordeno, eu tenho razão, eu tenho poder. Para passar por todas essas experiências, precisamos da força dinâmica. Essas experiências, vistas como um todo, são então armazenadas por nós, quer sejam prazerosas ou desagradáveis, e isso causa enormes efeitos sobre toda a nossa vida. Moldamos nossos padrões de dominação e submissão, nosso comportamento básico em relação à energia dinâmica e o modo como lidaremos com ela nesta vida. A cada estímulo, esse molde se duplica, e também através das experiências de nossas encarnações passadas.

Nessa fase da vida, moldamos nosso segundo circuito cerebral, o circuito do sentimento territorial, como John Lilly e Timothy Leary denominaram esse plano. Quando passamos pela vida de modo inconsciente, recaímos sempre nos diferentes degraus moldados do nosso circuito cerebral. O segundo circuito territorial é claramente visível nos políticos e militares, para dar um exemplo bem enfático.

Mas nós encarnamos neste planeta de cura para curar nossas experiências e programas, isto é, para sermos conduzidos à Unidade.

E para consumar o primeiro passo de cura, precisamos ter a coragem de contemplar essa fase da nossa vida e aclarar nosso comportamento em relação à força dinâmica. A força dinâmica é algo maravilhoso, tão logo nos libertemos das nossas experiências equivocadas. Ela nos dá uma força imensa, instila em nós a coragem e energia com as quais nós mesmos nos iluminamos.

Nosso ego existe para assegurar nossa sobrevivência. O modo como o fazemos está sujeito ao nível respectivo do desenvolvimento da nossa consciência. No nível dos mamíferos do segundo circuito territorial, empunhávamos a clava e fazíamos uma enorme gritaria. Provocávamos incontáveis lutas de trincheira e não tínhamos nenhuma possibilidade de nos elevar acima desse circuito.

Quanto mais nos instruíamos, mais rapidamente alçávamos vôo para a liberdade. Observávamos, em cada situação, como o nosso ego agia. Reconhecendo-o e, se não reprimíamos esse nível, ganhávamos a possibilidade de purificar o ego. Somos os mestres e mestras de nossas vidas, e todos nós, cada um de nós, determinamos o nível de energia no qual queremos permanecer. Assim, através da respiração consciente, temos a qualquer momento a chance de elevar a nossa consciência e erguer nosso ego nos braços amorosos do Eu Superior. A partir desse nível do nosso ser, vivemos de modo totalmente diferente a situação que criamos para nós mesmos. Através da amorosa sabedoria do nosso Eu Superior, estamos em condições de agir de modo totalmente diferente, sim, é muito freqüente pensar em soluções totalmente novas, antes invisíveis, para harmonizar nossa manifestação.

A energia sempre está onde estiver a consciência. Para mim, essa é a mais importante lição dos antigos ensinamentos hunas, que foi trazida para a Terra pelos viajantes das estrelas das Plêiades e por isso tem, acho eu, validade universal. Quando observamos a nós mesmos e às nossas ações sem logo fechar os olhos, chocados pelas nossas idéias, então temos a qualquer momento a possibilidade de elevar a nossa consciência e, portanto, a nossa energia.

Quando invocamos nosso Eu Superior e percebemos no nosso ser essa divina presença do "Eu", também podemos contemplar tudo o que existe a partir desse ponto de vista amoroso e jamais crítico. E mesmo se depois percebermos que mais uma vez nos deixamos enraivecer por causa da confusão dos nossos níveis de energia — que maravilha! Louve-se por isso, pois agora você pelo menos o percebeu! Procure um lugar tranqüilo, visualize novamente a situação, pergunte ao seu eu emocional — ou, como diz a sabedoria huna, ao seu Unihipili — qual o padrão e integre esse padrão na Integração de Rama, por exemplo. Caso você venha a perceber que tem um padrão muito arraigado e repetitivo, peça ajuda a uma pessoa da sua confiança que já esteja desenvolvida: ela talvez possa ajudar você por meio de uma repatriação. Há infinitas possibilidades, e o que vai ajudar você depende de circunstâncias totalmente pessoais. A sabedoria huna também diz: **A eficácia é a medida da verdade**. Ou seja, absorva aquilo que lhe é útil. Você é e continuará sendo o mestre ou mestra do seu mundo, trazendo em si a responsabilidade pelo desenvolvimento da sua consciência. Ao honrar todas as percepções, mesmo que pequenas, você se expande e seu eu emocional — que abriga os depósitos da memória — lhe dá apoio para que você perceba cada vez mais rápido os seus padrões negativos. Honrar e abençoar também significa que você está direcionando sua energia para um degrau mais elevado da consciência. Honrar a si mesmo ajuda você a aceitar-se tal como é, abandonando a autocrítica constante. À medida que vai aprendendo a aceitar a si mesmo, você também começa a reconhecer a singularidade dos outros.

Quando você permite que as duas forças do nosso mundo se purifiquem dentro de si mesmo, estará liberando uma grande força curadora para você mesmo e para o amado planeta que, desta vez, é a nossa pátria.

Purificar o ego significa **libertar de todos os equívocos a força dinâmica que existe em nós, e deixar que ela se torne visível na nossa vida.**

Capítulo 20

Dedicação Com a Verdadeira Força

Dedicação aplica-se sobretudo a coisas nobres, boas, amorosas, suaves e, para muitos, é o caminho da iluminação. Mas essa palavra há tempos tornou-se um mito, pois cada um de nós tem idéias próprias a respeito da autêntica dedicação e do verdadeiro serviço. Os mais peculiares especialistas em dedicação são aqueles que caíram no papel de vítima devido às experiências que tinham armazenadas. Também eu caíra no papel de vítima e estava segura da minha dedicação a quase tudo o que existe. Considero que a dedicação é naturalmente a virtude essencial de um canal; sem humildade e dedicação não existem canais claros. Eu ainda a considero, depois da minha iniciação, uma das mais importantes virtudes, embora só tenha entendido corretamente sua verdadeira força através da minha manifestação e da orientação do meu mestre espiritual.

O corpo energético entra como o segundo passo da cura: dedicação a partir da própria força, e só então a dedicação é uma força doadora de energia.

Eu estava perplexa: Acaso não fizera todo o possível pela nossa relação? Acaso não realizara prontamente tudo o que havia sido exigido de mim (não importando como eu me sentia a respeito)? Acaso eu não estava presente o tempo todo para os outros (nunca para mim mesma)? Acaso não respeitei sempre os acordos que estabelecera com os outros, mesmo quando isso implicou grande esforço de minha parte (os acordos comigo mesma, eu sempre respeitei muito bem)? Se eu era quase perfeita como servidora dos meus semelhantes, o que poderia estar errado?

Contemplar a mim mesma e às minhas opiniões defensivas sobre a "dedicação" foi, porém, a parte mais dolorosa e difícil da minha viagem de reconhecimento. Eu percebi que estava orgulhosa da minha assim chamada "dedicação" e que, por isso, queria ser amada e aceita, já que a criança comportadinha é mais amada que a criança autodeterminada. Na verdade, eu praticava uma "dedicação egoísta", pois o que eu queria era alcançar alguma coisa desejável para mim. Mas, ao mesmo tempo, eu me desapontava cada vez mais porque os outros não reconheciam essa forma de "dedicação"! Eu agia como uma vítima, colecionava uma injúria após a outra e, no final, tinha a sensação de não pertencer àquilo. Será que é difícil perceber que eu, como filha estelar do nível planetário, estava apavorada com a densidade de energia da Terra e de seus habitantes? Em suma, o sentido estava muito bem escondido dentro de mim: Sou boa demais para este mundo e é por isso que este mundo não me compreende. Essa conclusão me manteve longe da Terra e de suas energias, pois elas eram demasiado densas e dolorosas. Isso eu já vinha praticando havia muitas vidas! Vivia separada da Terra e, portanto, longe da alegria que a Mãe Terra expressa em suas múltiplas manifestações. E me mantinha apartada da cura que é possível nesse plano. Eu realmente não reconhecia a Terra nem a mim mesma. Dolorosamente, reconheci que havia cultivado e regado, no jardim da minha alma, uma imensa quantidade de ervas daninhas que agora precisavam, com urgência, ser totalmente erradicadas.

Compreendi que minha "dedicação" era um fardo para quem a recebia, pois é claro que os outros sentiam inconscientemente a implacável exigência ligada à minha "dedicação". Eu dava de mim e servia devido ao meu padrão e à idéia que tinha de mim mesma. Eu não dava algo porque estava alegremente pronta para fazer alguma coisa com toda a minha força, sem exigências e em todos os níveis do meu ser! Quando coloco à disposição dos outros minha energia, feita de alegria e sem expectativas, sem esperar nenhuma retribuição em troca, então minha energia aproxima-se daquele a quem a dou e ele se sente livre para aceitar ou recusar essa dádiva, sem o perigo de me "ferir" ou "desapontar". Essa espécie de doação alimenta também a mim mesma, pois a alegria eleva a minha energia; eu compartilho e coloco à disposição meus atributos individuais para o bem do Todo. Quando o Todo, ao qual pertenço, vibra numa energia harmoniosa e doadora da vida, todas as criaturas e energias co-participantes se sentem bem. Forma-se uma atmosfera livre de coerções, a partir da qual tudo pode desdobrar-se com facilidade. Todos estão realmente livres para tomar suas próprias decisões, e assim surge a serenidade na sociedade.

No segundo passo de cura também é importante que aclaremos nosso padrão de dedicação. Aqui encontramos nossas idéias sobre nós mesmos, há muito tão ansiosamente armazenadas. À medida que reconhecemos, sem julgamento, nossas experiências como vítimas, também podemos curá-las. Muitas dessas experiências nós trazemos de vidas passadas; e principalmente as vivências na Era de Peixes, com toda a sua característica consciência de vítima, moldaram de maneira profunda e duradoura nossas idéias.

Deus, a Fonte do Ser, não se importa com os nossos sacrifícios. Até acredito que a Fonte nem sequer os observa! O nível da Fonte não previu o sofrimento para suas centelhas divinas, pois esse nível não está na separação, que torna possível o sofrimento. A consciência crística já se dedicou à Terra e aos filhos estelares da Terra, quando fundiu-se com o Mestre Jesus. A consciência crística não sofreu, não se sacrificou! Dedicou-se com total consciência amorosa, como dádiva do reconhecimento para a renovação da humanidade. A consciência crística nada esperava em troca, estava e está completamente na unidade consigo mesma, pois ela é a força. Quem talvez tenha sofrido foi o homem Jesus, como pessoa, mas eu o considero tão sábio que poderia elevar-se acima do nível da dor... e isso seguramente ele fez. Ver Cristo como uma vítima foi uma interpretação humana, pois o homem se vê separado de sua consciência divina, apartado da abrangente energia divina que lhe possibilita todo estado de consciência desejado. Assim desenvolveu-se, a partir da verdadeira dedicação da consciência crística e do Mestre Jesus, o mito de que somente o sofrimento nos abre o caminho para o céu. Essa é uma consciência muito antiga, pois as antigas culturas já realizavam sacrifícios para aplacar a ira dos deuses. Hilarion sempre me exorta, bem como a seus alunos e alunas, a permitir a alegria no aprendizado e a abandonar os velhos e definidos trilhos do sofrimento. Não existem deuses a quem precisemos apaziguar, mas existe a sombra dentro de nós, cujos demônios temos de confrontar.

Além disso, é infinitamente importante que cheguemos a um acordo com a nossa Terra e esclareçamos nossos equívocos. Como sentimos em nossos "caminhos das estrelas", não foi fácil para muitos de nós encarnar num mundo tridimensional. Também houve os onze planetas, semelhantes à Terra, nos quais acumulamos experiências que fizeram crescer em nós o medo da densidade e imobilidade de uma vida tridimensional. Nós, com certeza, não nos elevaremos sem antes termos entendido esse nível em toda a sua magnificência, sem antes nos reconciliarmos com as nossas experiências na terceira dimensão, sem antes aprendermos a amar a nós mesmos e ao nosso planeta Terra. Aqui viemos a fim de compreender nossas experiências e, à medida que as reconhecemos, curá-las. Para que essa cura possa abranger conscientemente todos os níveis terrenos, a consciência estelar de Gaia adensou-se no nosso planeta. Gaia realmente dedicou-se a isso e continua a fazê-lo cada vez mais. Com infinita paciência, ela nos permite acumular as mais incríveis experiências, sempre confiante na evolução do ser consciente. Ela confia no seu plano divino, e desse saber brota seu amor por todas as suas manifestações. Com isso, ela também aprende a elevar a sua consciência, e é cada vez mais inundada com a luz do amor, até erguer-se às próximas dimensões, onde fará mais experiências para a Fonte. É uma idéia muito humana pensar que a Mãe Terra está zangada conosco. Enquanto acreditarmos nisso, estaremos muito longe do seu amor e da sua alegria.

Não somos mais bebês de fraldas; quase todos nós já passamos por encarnações terrenas. Agora é tempo de aprendermos a livrar do julgamento nossas experiências e reconhecê-las tais como elas realmente são — ou seja, como aquilo que criamos para nós mesmos, a fim de aprendermos. Nesse aprendizado, assumimos a responsabilidade pelos nossos atos, nossos sentimentos e pelas energias que emitimos. Nós somos mestres e mestras que se exercitam!

Carregamos sozinhos a responsabilidade pelos acordos que fazemos com o mundo. E também pelos acordos que fazemos com nós mesmos, somos nós os responsáveis exclusivos. Precisamos constantemente nos perguntar: O que eu quero agora? Qual é o próximo passo, e até que ponto estou preparado para dominá-lo? Será que neste momento eu disponho realmente da força necessária para oferecer aos outros os meus serviços? Faço isso com verdadeiro prazer? Tão logo notarmos que esperamos dos outros um mínimo que seja, será mais "saudável" pararmos e nos ocuparmos primeiro com os nossos próprios padrões. Os acordos devem ser respeitados, caso contrário formam-se buracos negros de energia que, para serem novamente preenchidos, consumirão muito mais energia. Nós somos os responsáveis pelo nosso metabolismo energético e pelo da Mãe Terra. Por que, então, criamos tensão se podemos agir com leveza e alegria?

Enquanto não estivermos preparados para ser honestos com nós mesmos, tampouco seremos honestos com nossos semelhantes e com a Mãe Terra. E a honestidade, por sua vez, exige que tenhamos a coragem de mostrar fibra quando não correspondemos às expectativas dos outros (lembrando que tanto nós quanto eles nos defrontamos com expectativas confusas) e talvez também quando não correspondemos à imagem que fazemos de nós mesmos. Bem, de todo modo seu parceiro vai resmungar um pouco, mas talvez acabe por aceitar a sua determinação sem protesto, e você, em todo caso, não trouxe à sua vida a falta de clareza ou a confusão que sempre surgem quando não cumprimos o prometido. Na maioria dos casos, torna-se necessário um maior número de doadores de energia para reequilibrar esse caos que surgiu. Com algum treinamento você aprenderá a confiar em si mesmo, em primeiro lugar, e os outros saberão que podem, por sua vez, confiar nos seus acordos. Esse também é um autêntico serviço, que leva à distensão e confiança generalizadas. Assim, as energias da sociedade fluem, renovam-se e doam vida. Você está nesse fluxo e se dedica ao plano divino e a si mesmo. E então os chamados "milagres" chegam ao seu mundo. Você é o mestre ou mestra que se exercita, e o caminho é o objetivo.

O divino experimenta a si mesmo em tudo o que existe, em todos os níveis e em todos os Universos. Assim Deus, a Fonte, experimenta a Si mesmo também em nós. Nosso caminho leva-nos de volta à Fonte, da qual nos distanciamos porque queríamos, como centelhas divinas, viver experiências. A Fonte ama toda existência, ela está além de todo juízo de valor. O julgamento talvez só exista no nosso Universo, pois não sabemos se também existe nos outros Universos.

Nosso Eu Superior, nossa centelha divina, ama-nos infinitamente e sem qualquer julgamento, e nunca permitiria que manifestássemos algo que não fosse adequado à nossa vivência, algo que não nos fosse natural. Além de podermos curar nossas dramatizações pessoais, estamos em condições de liberar nossos programas. E essa é também a missão com a qual nossa consciência divina nos enviou para aqui. À medida que vamos dissolvendo nossos bloqueios, podemos perceber nossa natureza divina e nos reconectar com a nossa multidimensionalidade. E para esse estágio do aprendizado precisamos da Terra, de bases firmes e de compreensão. Meu canal, minha multidimensionalidade, expandiu-se à medida que eu e meus programas nos reconciliávamos com a Terra. Todo canal precisa de um bom enraizamento. Toda sabedoria, amor e cura que alcançamos através da conexão com nosso Eu Superior (isso também é canalizar) servem também para a orientação da Terra.

Estamos aqui para fazer a ligação entre as energias divinas e as terrenas. Também estamos aqui para nos tornarmos transformadores de energias, para dar nossa contribuição para a elevação do nosso planeta, do nosso sistema solar e, por fim, do nosso Universo. E isso só poderemos realizar quando amarmos, compreendermos e aceitarmos o nível em que nos encontramos.

A dedicação pode ser sentida como verdadeira força quando nenhuma expectativa estiver ligada a ela, quando o serviço nascer da alegria, quando o ato de doação aproximar e desenvolver energeticamente você e os outros. A verdadeira dedicação cria uma alegre serenidade, a autodeterminação e a confiança na força absoluta que existe dentro de cada um de nós.

Capítulo 21

O Direcionamento Responsável da Energia

Tudo o que existe é energia. Nós somos energia, o Universo é feito de energia. E todas as energias se mantêm em comunicação.

Tudo o que tocamos, tudo o que pensamos é transportado pela sutil rede energética. Tanto os viajantes das estrelas como os iniciados do planeta Terra conheciam esse fato. E assim podiam realizar os mais extraordinários fenômenos.

Quando os antigos seres andróginos da Atlântida se separaram em homens e mulheres, esse saber foi transformado para preparar o caminho da atração puramente biológica que se seguiria, na qual os corações humanos poderiam se reunificar. Assim, existe também uma forma muito especial de conexão de energia entre os chakras dos casais.

A energia feminina busca a perfeição, procurando a conexão adequada (segundo seus padrões) com uma energia masculina. E vice-versa. Buscamos nosso parceiro sempre desse modo inconsciente. O que se encontra ainda nas sombras do desconhecimento na minha consciência será então vivido pelo meu parceiro. O criminoso se defronta com a vítima; a vítima se defronta com o criminoso. Com isso, quando deixamos a fase da paixão, fazemos experiências que muitas vezes não são agradáveis. Cada um dos nossos parceiros iluminará um novo campo na nossa sombra — se nos permitirmos aceitá-los como espelhos, em vez de permanecermos nos jogos defensivos e obstinados. Carregamos nossos programas, enquanto não forem dissolvidos, de um relacionamento a outro. Muitas vezes o fim de um relacionamento é também uma fuga de nós mesmos, e iremos sentir as mesmas dificuldades na próxima relação. Nesses casos, é hora de examinarmos os nossos bloqueios.

Quando um casal se une fisicamente, as energias de seus chakras se conectam e procuram liberar o caminho para o Coração Uno. Com isso, todos os bloqueios que construímos ao longo da vida são trazidos à luz da consciência, na esperança de que então se inicie um caminho comum de pensamento. Através dessas conexões de energias — que permanecem constantemente ligadas, como cabos telefônicos — também percebemos onde nosso parceiro está num dado momento, o que ele sente ou faz. É por isso que muitos de nós têm facilidade para perceber de imediato não só as infidelidades, medos ou tristezas, mas também a felicidade e a alegria do parceiro, ou seja, seu estado energético.

Nos nossos chakras pessoais estão armazenadas muitas lembranças, que estão ligadas às respectivas qualidades desses centros de energia no nosso ser de matéria sutil. Poderíamos descrever nossos chakras como um aparelho telefônico: ele não só armazena, filtra e conduz os estímulos externos, mas também os emite. Esses filtros necessitam de contínua limpeza e cuidado. Também sobre esse tema existem diversos exercícios à nossa disposição.

No campo energético das comunicações, todos os seres ligados a nós recebem nossas emissões de energia. Quando estamos com muita raiva, por exemplo, as pessoas clarividentes percebem essa energia durante três dias como uma névoa marrom avermelhada na nossa aura. Durante esses três dias, deixamos que essa energia confusa penetre em nossas conexões de comunicação e, por isso, somos os responsáveis quando as energias que emitimos encontram outras, com vibrações semelhantes, e se condensam, multiplicam-se e então talvez se precipitem sobre algum lugar, com força destruidora.

Usei um exemplo tão drástico para chegar mais claramente ao ponto. Só poderemos curar as guerras e perturbações nos nossos relacionamentos e no nosso mundo se conseguirmos controlar nossas energias e virmos o nosso semelhante como um espelho dotado dos mesmos direitos que nós. Deveríamos começar com um auto-exame, dentro de nós mesmos, para impedir o surgimento de uma eventual arrogância esotérica, a fim de nunca atacarmos nosso parceiro e depois dizermos: "Eu lhe sirvo de espelho!" Atrás de um espelho, você sabe, uma pessoa pode muito bem se esconder! Também nesse caso é verdade que somos mestres e mestras que ainda precisam praticar!

Em todas as pessoas fluem energias masculinas e femininas. É muito útil permitirmos que esses dois níveis se incorporem para podermos nos comunicar melhor com eles. A tradição dos índios norte-americanos chama esses níveis de Gêmeos Divinos. Muitas vezes é preciso paciência para conciliar os dois níveis e mantê-los em contato. Em todos os nossos assuntos, podemos sempre nos voltar ao nosso masculino interior e ao nosso feminino interior. É fascinante e instrutivo ouvir o que eles têm a nos dizer. Quando casamos o masculino em nós com o feminino em nós — ou seja, quando os reunimos —, essas energias ficam totalmente à nossa disposição o tempo todo. Para ser amados, podemos renunciar a toda manipulação. Percebemos esses níveis em nós e começamos a amar a nós mesmos. Com isso, irradiamos uma energia harmoniosa e recebemos do parceiro também uma energia harmoniosa.

Nos momentos de crise dentro de um casamento, muitas vezes é bastante útil descobrir — contanto que ambos tenham consciência de serem Gêmeos Divinos — quem está em desarmonia com quem. Possivelmente o seu masculino interior está em conflito com o feminino interior do seu parceiro. Torna-se visível cada constelação, sobre cujos níveis fundamentam-se os equívocos, os padrões. Quando o casal é capaz de conversar sobre isso, quando existe em ambos a disposição para o diálogo, o caminho da cura se abrirá e uma solução em comum poderá ser encontrada.

Nós somos mais do que as nossas emoções e, assim, seremos cada vez mais instruídos pelo nosso mundo espiritual. Isso não significa reprimir nossas emoções; pelo contrário, significa lidar com esse nível de energia com autodeterminação. Não sou uma escrava dos meus sentimentos. Tenho a possibilidade, a qualquer momento, por um ato de vontade consciente, de me elevar acima desse nível, seja conectando-me com o meu Eu Superior ou criando um espaço protegido no qual posso contemplar as mensagens de meus sentimentos para então aprender e integrar os padrões reconhecidos.

Temos hoje à nossa disposição todos os meios de ajuda necessários para curar a nós mesmos. Quando percebemos que estamos emitindo uma energia indesejada, podemos nos libertar dela através da chama violeta ou das luzes azul-elétrico, por exemplo. E devemos louvar a nós mesmos por termos percebido a nossa própria armadilha e não termos caído nela cegamente.

Todos nós somos seres estelares trazidos até aqui por um nível maior, que somos incapazes de apreender. Nesta época de aumento das vibrações, temos de lembrar que crescemos vagarosamente e devemos reconhecer nosso potencial inimaginado. Não precisamos mais arrastar de um lado para o outro, inconscientemente, os acontecimentos que criamos para nós mesmos. Quando nos permitirmos a autodeterminação e abandonarmos os jogos externos — ou seja, quando assumirmos a responsabilidade por tudo o que se passa no nosso mundo —, a cura se estabelecerá.

No entanto, quão freqüentemente nos enredamos nas obrigações do nosso dia-a-dia! Parece que nos sobra pouco tempo para a contemplação. Na verdade, criamos para nós mesmos esses emaranhados, esse "não tenho tempo", porque isso nos parece infinitamente mais cômodo do que romper com nossos hábitos. Também estamos energeticamente atados às nossas obrigações e questões não-resolvidas. E então ficamos tal qual Gulliver, tão enrolado em fios pelos anões de Lilipute que não conseguia mais movimentar-se. Quanto mais tempo adiarmos as coisas que precisam ser resolvidas, mais nos enredamos nelas.

Sou infinitamente agradecida a uma das minhas mestras terrenas pela "regra dos cinco dedos". Ela diz: No começo de cada dia, pense em cinco coisas que você hoje quer tirar da montanha de questões não-resolvidas. Imagine que amarrou em cada dedo uma dessas questões. Escolha duas questões muito desagradáveis, duas menos desagradáveis e uma fácil. Depois entre num acordo consigo mesmo e comprometa-se a resolver esses assuntos até a hora de ir dormir. Você mesmo escolhe quando deve resolver cada questão. Quando tiver cumprido completamente uma tarefa, imagine que está desamarrando do dedo uma das linhas, imagine a conexão de energia se desligando e inspire conscientemente esse pedacinho de uma nova liberdade.

Já incorporei essa regra à minha vida. Bem, precisei de quase um ano para resolver totalmente a infinita desordem que havia criado; mas funcionou, e eis que de repente eu tinha tempo de sobra para a meditação e a alegria. Desde então eu me sinto muito mais livre, pois agora eu determino quais tarefas vou assumir.

Com a ajuda do nosso Eu Superior, podemos aprender a nos manifestar conscientemente e a moldar nossa vida do jeito que desejamos. Apesar de toda atenção ao formular nossa prece de manifestação, confiemos nossos pedidos ao amor do nosso Eu Superior. Peçamos sempre para que ele nos recorde eventuais esquecimentos e exclua da nossa prece as coisas que não são úteis ao nosso desenvolvimento. De todo modo, deveríamos conhecer bem o caminho preciso para a invocação da nossa consciência transpessoal e as leis de uma clara manifestação. É claro que o nosso Eu Superior está sempre conosco e sempre nos ouve. No entanto, quando dissolvermos todos os bloqueios que existem no nosso caminho ao Eu Superior e experimentarmos o caminho correto, poderemos nos ligar às conexões com muito mais facilidade. Para isso, é necessário treinamento especial e exercício contínuo.

Somos os mestres e mestras das nossas energias, e por isso podemos facilmente abandonar os jogos externos. Somos totalmente responsáveis por todas as experiências da nossa vida.

Capítulo 22

O Uso Significativo dos Pensamentos

E tampouco somos escravos dos nossos pensamentos, tampouco estamos indefesos diante dos pensamentos que nos rondam constantemente.

Nós sabemos quais as forças que são inerentes aos pensamentos. Nossos pensamentos criam o curso da nossa vida. Quem sempre rejeita e diz não, dificilmente poderá trazer alegria à sua existência. Somente a fé e os pensamentos direcionados para o Bem doador da vida irão nos criar uma vida plena.

Nossas forças mentais sempre estiveram conosco durante nossos caminhos das estrelas. A energia mental foi, e ainda é, parte integrante da criação dos Universos. Forças mentais centradas mantêm no seu curso as naves luminosas da Irmandade Espacial. A comunicação telepática e o teletransporte realizam-se com a ajuda dos campos mentais, e, de todo modo, é pela mente que primeiro adquirimos o saber.

Mas existe também o nosso eu racional, que constantemente julga o que estamos fazendo ou sentindo — como se houvesse mil macaquinhos tagarelas a nos atormentar os ouvidos com suas opiniões. A emoção apenas existe; ela não julga. Nossa razão se desenvolve, principalmente, através dos condicionamentos do nosso mundo ocidental, e se torna o autoritário dirigente da nossa vida. Durante toda a vida sempre nos pressionam para não perdermos a razão, pois a razão acha para cada problema uma solução adequada, mesmo que seja a de jogar a culpa sobre outra criatura.

Para aceitar nossa herança galáctica e desenvolver nossas forças cósmicas, tornando-nos realmente os co-criadores que já somos conforme mensagens das hierarquias espirituais, precisamos aclarar nossos campos mentais. É válido, também nessa área, instruir e elevar a nossa consciência.

O caminho Huna explica-nos que o nosso eu racional deveria ser um mestre amoroso para o nosso eu emocional. Assim, as pessoas que cresceram nos círculos culturais do Oriente podem fazê-lo de maneira razoavelmente fácil; nós, no entanto, já interiorizamos de tal forma o domínio absoluto da razão que transferimos para ela o nosso poder. Mas a razão é um soberano absolutista que perdeu a conexão com seu povo e, por isso, costuma ser duro e isolado. Pessoalmente, considero o "caminho Huna dos três eus" como um dos caminhos mais alegres e eficazes para entender os níveis dentro de nós e levá-los ao diálogo, a fim de que eles possam comunicar-se enquanto membros de uma mesma equipe, a do próprio Eu. Mas, mesmo que não nos interessemos pela filosofia Huna, temos a possibilidade de transformar amorosamente o domínio da razão numa união harmoniosa.

Em primeiro lugar, vem a observação dos nossos pensamentos. Por certo, neles também reconhecemos padrões e ritmos semelhantes. Quando aceitarmos que somos mais do que nossos pensamentos, poderemos começar a transformá-los e prestar atenção para lançar no mundo apenas pensamentos cheios de luz e amor. Às vezes é útil um "Pare!" consciente. Ao trabalhar com o nosso eu racional, necessitamos de uma clareza amorosa. Ora, eu não vou aconselhar ninguém a tentar parar um tanque blindado com uma pistola d'água! Contudo, com um pouco de treinamento, e sobretudo através de uma opinião dissidente, através da negação consciente, torna-se possível lidar com os nossos macaquinhos tagarelas; e se nada disso funcionar, recomendo a técnica "sanduíche" do meu mestre Huna: Diga e pense conscientemente algo positivo, depois o negativo e depois novamente o positivo.

Todos os nossos pensamentos têm efeito sobre o nosso metabolismo energético, que é controlado pelo nível do nosso eu emocional. Esse nível considera tudo muito pessoalmente e é incapaz de discriminar, de distinguir entre o sonho e a realidade. Quando pensamos em algo negativo sobre uma pessoa, o eu emocional apressa-se em trazer ao nosso ser essa energia negativa, e o outro, através dos campos energéticos, absorverá no seu sistema os efeitos dessas energias. Assim explica-se também a antiqüíssima sabedoria: Faça o que quiseres, mas não prejudiques ninguém. Através dos nossos julgamentos e pensamentos negativos, prejudicamos os outros energeticamente. A energia deles se reduz, e surge um efeito "bola de neve".

Quando usamos a técnica "sanduíche" — apenas se nada mais funcionar —, envolvemos a mensagem negativa entre duas mensagens positivas, e assim o eu emocional produz dois sinais "positivos" e um sinal "negativo"; isso é sempre melhor do que a energia puramente negativa.

Nossos medos e dúvidas também fluem energeticamente através de nosso campo mental. À medida que vamos nos abandonando a essas energias, diminuímos a nossa energia. Todos nós sabemos que o medo pode ser um carcereiro implacável. Quando duvidamos constantemente de nós mesmos e de nossos planos divinos, estamos criando automaticamente as experiências que farão nossas dúvidas parecerem justas. O eu racional quer a qualquer preço sempre ter razão. O medo, segundo Vyvamos, é uma emoção mental; em seu livro *AHA — Uma Enciclopédia para o Trabalho com a Luz*, ele o descreve de modo maravilhoso e oferece um excelente exercício para dissolvê-lo. No exercício do mar azul-elétrico — que se encontra na terceira parte deste livro — vamos trabalhar com a personificação do medo.

Para transformar nossa dúvida em uma amiga, recomendo proceder de forma semelhante. À medida que também nos permitimos personificar a dúvida, podemos conversar com ela e perguntar-lhe do que ela precisa para tornar-se nossa amiga prestativa e amorosa, enquanto ela ainda nos parecer de alguma utilidade. Ao irmos reconhecendo a dúvida — sabendo que nem sempre ela tem razão, embora nos alerte contra atos impensados — reaproximamo-nos de nossos instintos naturais. Quando notamos que a dúvida se expande dentro de nós, podemos examinar o assunto a partir do ponto de vista do Eu Superior e pedir instruções e orientação à nossa centelha divina. Também podemos examinar o assunto no nosso coração — o espaço além de todo julgamento; sim, podemos dissolver nossas dúvidas com a chama azul-elétrico. Certa vez, Hilarion deu este conselho a uma de minhas amigas que vivia cheia de dúvidas: simplesmente recolha a rede de dúvidas que lançou em sua vida e em suas manifestações, e dissolva-a com a dourada luz curadora do coração.

À medida que aprendemos a centrar nossos pensamentos e a conduzi-los pelos trilhos que determinamos, podemos utilizar de modo significativo nossas forças mentais. Seja utilizando afirmações luminosas ou emitindo energias mentais a fim de curar, transmitir mensagens ou trazer determinadas cores e forças para nossa vida; seja utilizando a energia mental com o propósito específico de fazer conexão com o mundo espiritual.

Mesmo em situações de grande tensão podemos dominar nossas forças mentais. Reconhecendo a força de cada pensamento — sem porém julgá-la —, podemos redirecionar ao nosso sistema a energia mental pura, em vez de dispersá-la no mundo, sem domínio nem controle. Hilarion ensinou-me que tudo o que é conduzido sobre uma lemniscata (∞) dourada transforma-se novamente em energia pura. Durante minha viagem, quando eu estava sob tremenda pressão, minha razão vivia aos saltos, sem parar, e isso me impedia de examinar com calma as novas experiências. Nessa ocasião, recebi ajuda da Irmandade Espacial; eles me ensinaram a deixar meus muitos pensamentos correrem no meu cérebro sobre uma lemniscata (∞), e mesmo a acelerá-los conscientemente, até liberar a energia pura, oposta a todos os pensamentos, e então permitir que essa energia entrasse nos canais dos chakras do meu ser no ponto de interseção do "oito" no meio do meu cérebro. Assim, o sistema todo sente um influxo de energia, os pensamentos se aclaram e a energia fica à disposição para outras percepções ou ações. (Esse exercício, "Sua Alteza pilota no autódromo", é encontrado na terceira parte deste livro.)

Na dualidade, também a energia mental tem dois lados. Contudo, todos nós co-criamos livremente a experiência da dualidade, e agora que o nível mais profundo de experiência foi ultrapassado com o drama de Órion, todo o saber está ao nosso alcance para que nos religuemos à nossa consciência co-criadora e, assim, nos tornemos os mestres e mestras dos nossos pensamentos.

À medida que nos conscientizamos da nossa origem divina e recebemos a nossa herança esquecida, readquirimos o domínio sobre nós mesmos e sobre nossas emissões de energia. Começamos a transformar conscientemente esta nossa encarnação e a moldá-la no sentido divino, e curamos as separações, as polaridades que existem em nós. Quando isso for alcançado, começaremos, como co-criadores conscientes, a reconhecer a dualidade tal como ela é, ou seja, como níveis de experiência nos quais todos nós, e todos os membros deste jogo cósmico, iremos aprender a expressão e a "pluralidade na unidade" de todas as energias.

Em suma, toda energia é energia de Deus, e Deus é amor.

Usar significativamente a energia mental quer dizer: ter consciência da nossa energia co-criadora, no sentido divino, e nesse sentido lidar com ela.

Capítulo 23

A Alegria na Diversidade

O quinto passo de reconhecimento dos caminhos de cura da dualidade compreende a história das Plêiades e de Órion, com seus conhecimentos para a nossa vida terrena, tal como foi escrita nos caminhos das estrelas.

À medida que o saber das estrelas vai agora desvelando nossa origem, é possível para nós, filhos estelares da Terra, examinar nossos caminhos e reconhecer os padrões e condicionamentos que trazemos conosco, e dissolvê-los aqui na Terra, o planeta de cura da dualidade. Jamais deveríamos esquecer que o nível mais profundo do nosso Universo foi alcançado na fase negra de Órion. Nós, como criadores divinos, não poderemos penetrar mais profundamente na matéria. A Terra foi criada pelos mestres cósmicos como um planeta de cura, no qual podemos curar todos os nossos programas e redimir todos os nossos dramas.

Reconhecemos que a polaridade é, por assim dizer, o reverso da dualidade. A polaridade é a separação em dois pólos que querem ser reunificados, alcançando assim a renovação através da atração dos complementares. A polaridade surgiu com a criação das experiências do tipo criminoso-vítima, condensou-se na zona negra do drama de Órion e foi definida na Terra como a cisão das energias positivas e negativas em energia masculina e feminina.

Por amor, a consciência estelar de Gaia estava pronta a trazer à vida essa cisão, uma vez que o plano divino previa a possibilidade da cura e da reunificação.

A Mãe Terra estava pronta a manifestar essa cisão, pois sua ampla e abrangente consciência entendera a dualidade. Nosso Universo dual, porém, não foi criado para que sofrêssemos — mesmo que assim pareça do ponto de vista terreno. Mas o sofrimento só se desenvolveu e fortaleceu quando os níveis de consciência se separaram de suas centelhas divinas, a presença do Eu, e foram lançados nos abismos da experiência. A grande queda na matéria, na densidade, nos fez esquecer que Deus experimenta a Si mesmo através da nossa individuação e que somos mais do que nossas experiências, do que nossos padrões, somos mais do que nossos sentimentos e expectativas, somos mais do que nossos pensamentos e idéias. Nós somos a energia divina que se manifesta na matéria por sua livre vontade.

Enquanto nos banhávamos, como centelhas luminosas, na luz infinita e no infinito amor da Fonte, não tínhamos nenhuma possibilidade de diferenciação; tudo era luz, e luz é amor. Quero expressá-lo com humor: Essa "luz e amor" perpétua tornou-se monótona para nós; tínhamos outros apetites, e por isso pedimos à Fonte que nos desse férias da unidade — e então foi criado um universo especial para nós, no qual nos era permitido fazer as mais diversas experiências! Antes de tudo o mais, havia e ainda há a alegria de passar pelas experiências; elas, por si sós, prometem mudança e transformação, movimento e diferenciação.

Temos a possibilidade de escolher a liberdade e, conforme o nível de vibração da nossa consciência, podemos fazer a escolha de trazer algo à existência. E essa é uma grande dádiva que nosso Criador nos concedeu! O que fazemos com essa dádiva é uma produção nossa própria, baseada na nossa escolha, a qual, por sua vez, depende dos nossos padrões. A Fonte divina conferiu-nos o livre-arbítrio — ou seja, a vontade livre e divina! O que foi feito dela? Nós a deixamos afundar no lodaçal dos nossos medos e na dor das nossas experiências confusas, de tal maneira que só nos resta submeter nosso divino livre-arbítrio aos ditames dos nossos hábitos e padrões. Poderíamos ainda chamá-lo de livre-arbítrio? Acaso temos o direito de nos queixar à divindade das injustiças deste mundo? Ora, somos nós próprios que moldamos o nosso mundo através dos nossos padrões, dos nossos sentimentos, dos nossos pensamentos, das nossas ações!

A dualidade é a manifestação da alegria diante da diversidade!

Quando nos permitimos reabsorver essa consciência original, temos a possibilidade de nos alegrar com as múltiplas manifestações e voltar a perceber a expressão da essência divina em tudo o que existe. A cura surge com o reconhecimento. Como é maravilhoso acariciar o pêlo do nosso gato ou cachorro! Eles são diferentes de nós, e isso nos causa alegria. Uma planta se manifesta através de outra expressão da matéria, para nos dar alegria, alimento e calor. Sim, o meu parceiro também se sente diferente quando eu me sensibilizo, e é uma alegria ter esse contato.

Além disso, quando aprendemos a reconhecer que também um grande problema, agora lançado sobre nós pelo nosso parceiro, em última análise surge devido à sua diversidade na manifestação, e quando concordamos, nesse instante, em nos libertar da nossa confusão de padrões e expectativas, iremos reconhecer que experimentamos, através de sua diversidade, algo importante sobre nós mesmos. E esse conhecimento pode nos dar alegria, pois elevamos nossa energia através do esclarecimento e deixamos de lado os refugos que nos distanciam do nosso livre-arbítrio divino. Essa é uma alegria que nós, durante o conflito, simplesmente não conseguimos sentir!

A alegria é uma força criadora. O ato alegre é facilmente bem-sucedido e costuma produzir resultados inesperados. Liberamos energia criadora quando estamos alegres. É claro que precisamos também entender que somos mestres e mestras ainda em treinamento! Deveríamos honrar a alegria em nós mesmos e nos outros!

Muitas culturas antigas sabiam da unidade com a Terra e veneravam o âmago divino de toda matéria. Francisco de Assis, o bem-amado mestre Kuthumi, recolheu-se ao eremitério para novamente alcançar sua unidade com a Natureza. Tal como ele, muitas pessoas iluminadas procuraram a solidão dos eremitérios para reencontrar, com calma e sem as distrações do mundo exterior, a unidade com Deus. Mas, no nosso tempo, tornaram-se raros os eremitérios, e permito-me aqui apontar que esse tipo de vida também nos isolaria das experiências com o mundo e com nossos semelhantes. Todo tipo de separação obstrói a cura. Somos chamados, aqui e agora, a começar a cura da Terra.

Tal como nós, os iluminados da antiguidade e dos novos tempos também fizeram suas experiências nos diversos níveis e as trouxeram às suas vidas. Eles, no entanto, sempre estiveram em condições de elevar seus circuitos inferiores, seus programas, acima dos condicionamentos. Com serenidade, eles reconhecem seus padrões, curam-nos, e sua compaixão amorosa os leva a conhecer os padrões de seus semelhantes. Para eles, não existe mais a necessidade de chamar a atenção dos outros para seus bloqueios; eles fortalecem imensamente as centelhas de luz em seus semelhantes e, por manterem o foco, elevam as energias do ambiente. Estão conscientes da unidade na dualidade e de todas as suas alegrias, e portanto mantêm essa energia e assim fortalecem a unidade divina.

À medida que reconhecemos a diversidade e direcionamos nossa consciência para o âmago divino de todas as criaturas, compreendemos a nós mesmos e nos reconhecemos; desenvolvemos compaixão — em vez de piedade — para com nós mesmos e com todas as outras existências. Cada vez mais torna-se possível reconhecer a dualidade como manifestação da alegria.

Como os antigos eremitas, poderemos fazer inúmeras experiências duais do Ser Uno, seja com as plantas, os animais ou os minerais, seja com nossos semelhantes. Toda experiência dual do Ser Uno eleva a nossa consciência e permite que percebamos nosso potencial divino. Experimentamos o amor, a energia universal que está em todos nós, em toda parte, e que é a cura. O amor, na sua essência, é mais do que um sentimento, mais do que uma experiência, mais do que uma idéia. O amor é a presença divina, o amor é a energia que deu forma a tudo e também à matéria. Deus é amor em todas as formas nas quais experimenta a Si mesmo.

A dualidade é a manifestação da alegria na diversidade!

As experiências duais do Ser Uno elevam nossa consciência às mais altas dimensões.

Capítulo 24

Perdão e Confiança

Quando meu corpo energético alcançou o conhecimento de uma experiência dual do Ser Uno, a raiva aflorou em mim.

Por vários motivos, eu nunca me permitira a raiva; tinha medo que sua força devastadora me fizesse perder o controle de mim mesma e das minhas energias. Eu percebia a raiva como algo profundamente degradante. Agora, no entanto, essa energia me flagelava com tremenda violência. O lago por muito tempo represado ameaçava romper o paredão que eu havia construído e tudo devastar. Deixei que a raiva me ensinasse. Eu sentia a raiva das antigas pedras do templo, a raiva da Terra — uma raiva que elas precisavam sentir devido ao abuso cometido por suas manifestações —, e eu sentia a raiva das mulheres em mim, essa enorme força represada que agora levava em mim, em todo o meu corpo, toda a vergonha e todas as dores de que a Deusa padecera. Eu sentia as forças da destruição irrompendo dentro de mim e tinha certeza de que algo novo dali surgiria, como a Fênix que se ergueu das próprias cinzas.

Mas eu sentia também a raiva primitiva de todos os homens, pela sua separação, pela sua incapacidade de dar à luz, pela sua diferença. Eu sentia a fúria inconsciente deles, por seus sofrimentos, ali naquele templo antigo, e ao mesmo tempo estava enraivecida porque eles não se opuseram à sua própria escravização; eles apenas se vingaram das mulheres nos tempos da Idade Média e do chamado Iluminismo, através da Inquisição, torturando-as por causa de seu antigo saber e de suas forças, mas também por causa de seus bens materiais. Eu sentia em mim a raiva monstruosa, da qual todas as muitas vítimas das minhas muitas vidas me haviam separado, pois eu permitira que abusassem da minha força divina colocando minhas capacidades à disposição de pessoas que abusaram delas para conseguir poder sobre os outros.

Hilarion me ensinou que a raiva é, em si, uma energia forte, uma energia que se eleva acima dos níveis da Terra. Sem medo dessa energia, sem julgamento, posso absorver no meu sistema sua essência pura, forte e dinâmica. Permiti que essa energia, controlada conscientemente por mim, se elevasse através da minha perna direita até o meu segundo chakra. Ali, orientada por Hilarion, direcionei essa energia sobre uma lemniscata dourada que visualizei na região do meu chakra da polaridade, e deixei que as correntes energéticas fluíssem livremente no canal do meu chakra. Liberei o excesso através da minha perna esquerda, e senti em mim, quase que instantaneamente, uma força imensa e luminosa, bem como a limpeza das minhas experiências com a polaridade. (Às vezes também é útil visualizar a lemniscata no plexo solar.)

Essa força ajudou-me a ver que o meu ego tinha um medo terrível das conseqüências da confiança! Pois, para confiar em todo o saber que me foi concedido durante minha jornada, eu precisava confiar também nos meus bem-amados e no cumprimento da minha missão estelar; eu precisava estar pronta a amar mesmo contra a minha razão, sem expectativas, viesse o que viesse. Eu precisava me perdoar de todas as minhas experiências de vítima! Eu iria me defrontar com todas as experiências, de modo aberto e desprotegido. Eu precisava abandonar o meu papel. Tornei-me, assim, profundamente vulnerável e não mais podia me entrincheirar atrás do meu habitual papel de vítima. E isso quando eu estava tão orgulhosa de todas as muitas vítimas que vivera ao longo de muitas vidas. O orgulho pelos meus papéis de vítima se atravessava no caminho da confiança em mim mesma e no plano divino.

Enquanto não nos perdoarmos pelas nossas experiências, continuaremos a julgá-las, a nos sentir culpados ou orgulhosos delas. Não estaremos no livre fluxo das energias divinas nem seremos co-criadores, pois nossas experiências ainda nascerão dos nossos bloqueios. Não vibraremos em harmonia com tudo o que existe. Não estaremos em paz.

Em primeiro lugar, precisamos estar dispostos a curar nossas experiências e deixar ir o ressentimento, o orgulho, a inveja e a avidez — esses baluartes há tanto tempo protegidos pelo nosso ego. À medida que entendemos e purificamos nosso ego, podemos tornar livre o caminho para o perdão. A partir do nosso Eu Superior, podemos contemplar com um olhar cheio de perdão e compreender a nós mesmos e as nossas qualidades egoístas, preparando-nos para a cura através do reconhecimento amoroso. Quanto mais vamos perdoando, mais reconhecemos o plano divino em todas as nossas experiências. Na terceira parte deste livro há exercícios que possibilitam o perdão. Nunca devemos nos contentar com afirmações da boca para fora; precisamos ser sinceros para com nós mesmos. Caso eu não consiga perdoar a mim mesma ou a uma outra criatura, entrego o assunto ao meu Eu Superior e peço-lhe para me indicar caminhos para o verdadeiro perdão, fazendo então um acordo comigo mesma até ser capaz de curar essa experiência.

À medida que nos permitimos perdoar, fortalecemos a crença em nós mesmos e na nossa vida enquanto existência que nós mesmos criamos, e nos tornamos cada vez mais livres dos nossos estressantes laços e pensamentos. Assim, desenvolvemos confiança em nós e nas nossas manifestações. Aprendemos a confiar no nosso Eu Superior e, por vibrarmos nessa energia, geramos e sentimos confiança. Desabrochamos num equilíbrio harmonioso, confiamos na nossa força e nas nossas possibilidades, e com isso estamos em condições de tornar realidade nosso plano divino.

Freqüentemente observamos que um dia, percorrendo nossos longos caminhos das estrelas, perdemos a antiga confiança original na Fonte e no plano divino. À medida que nos perdoamos também essa dolorosa experiência da separação da unidade e novamente aceitamos o divino — que experimenta a Si mesmo em todas as centelhas de luz existentes — como o ponto de integração da fusão de toda polaridade, criamos em nós a *religio*, a religação com Deus. Assim, as energias divinas podem voltar a fluir livremente, de nós para a Fonte e da Fonte para nós, pois as barragens das experiências equivocadas foram dissolvidas pelo perdão.

Quando confiamos na nossa centelha divina, permitimos também que o amor e a sabedoria mais elevada nos conduzam em nossa vida. A "voz" do Eu Superior é muito sutil; ela só penetra em nossa vida apenas pela inspiração e intuição. Podemos aprender a ouvi-la, quando nos encontramos em repouso e equilíbrio.

Eu mesma senti incontáveis vezes como o curso da minha vida parecia mudar porque eu havia aceitado a mensagem da minha orientação superior. A expansão da minha vida, da minha consciência, é o que sempre me foi oferecido, e sempre foi uma livre decisão minha seguir ou não o caminho oferecido. Pessoalmente, aprendi a confiar nessa orientação; percebo constantes progressos rumo à unidade, e minha vida se molda cada vez mais alegre e cheia de amor. Eu me decidira a não desistir do amor pelo meu marido, mesmo contra toda razão; descobrimos um Ser Uno dual durante a abertura do Portal II:II e a entrega da chapa de energia, e continuamos sempre a experimentar coisas novas. Ainda não nos é possível manter esse estado energético sem interrupções, mas estamos praticando!

Graças à meditação e ao exercício diário, bem como à minha orientação interior, sempre descubro o Ser Uno dual quando coloco meu canal à disposição. Com freqüência cada vez maior também me é possível chegar a um Ser Uno dual com as plantas dos jardins e com nossos irmãos animais; através disso, sei como lhes posso ser útil ou o que eles precisam a cada momento.

Todos nós ansiamos pela volta à unidade e desejamos a cura da dualidade. Em nossos caminhos de encarnação, fomos perdendo a consciência da unidade em nós mesmos e em tudo o que existe. Agora é o momento para que nos reaproximemos do Ser Uno, com os pequenos passos da unidade. Toda experiência do Ser Uno nos conecta com a unidade de tudo o que existe. Tudo isto torna-se possível quando confiamos incondicionalmente em nós mesmos e no nosso Eu Superior. Passamos a conhecer a nós mesmos, nossas profundezas e nossos mais bem guardados segredos, e justamente por isso podemos nos aceitar tal como somos e começar a amar a nós mesmos.

No nosso planeta existe o tempo, e a cura precisa de tempo. Se fôssemos totalmente livres de nossos padrões e de nossa crença interior no tempo, tenho absoluta certeza de que poderíamos nos curar com o aperto de um botão — sim, teríamos encontrado o "interruptor" para a iluminação! O antigo ensinamento zen diz que o caminho é a meta. Eu não gostaria de perder nenhuma experiência, nenhum conhecimento e nenhum momento do meu caminho, pois cada uma dessas experiências me oferece mais uma peça do quebra-cabeça da tapeçaria divina do Universo. É inspirador ver essa imagem ir crescendo. E eu confio que todos nós contemplaremos novamente esse quadro maravilhoso, no momento certo e no local certo, em todo o seu esplendor.

O perdão leva à confiança e nos restitui a confiança na Unidade, na Fonte.

E então todos nós poderemos ser Um, quando vivermos nossas experiências duais pessoais do Ser Uno.

Capítulo 25

A Cura Como Manifestação da Alegria

A Mãe Terra manifesta a diversidade, e com isso quer transmitir alegria. Nós vivemos aqui em corpos de matéria densa e aprendemos, na matéria, a compreender o nosso ser sutil. Sentimos as doenças através do nosso corpo, através da matéria. Toda doença nos dá a indicação de um padrão que ainda não dissolvemos. Nosso corpo serve então para nosso reconhecimento, e experimentamos uma cura mais rápida quando descobrimos o padrão que se manifesta através dos sintomas físicos. Nosso corpo, portanto, é literalmente o nosso templo de aprendizado.

Muitos de nós tínhamos o grande desejo de experimentar a nós mesmos como centelhas divinas na matéria. Deveríamos ser amorosamente gratos pela concretização desse desejo e respeitar o nosso corpo. Através do corpo, experimentamos as inúmeras alegrias que agora podemos sondar num mundo material.

A alegria é uma força criadora. Quando nos alegramos, muita energia fica à nossa disposição, acelerando nossa consciência. Conhecemos o alto desempenho de que são capazes os apaixonados; a pessoa se sente feliz e seu corpo vibra com uma força saudável. É também a alegria da descoberta que faz o nosso espírito vaguear em novos níveis de consciência, seja pesquisando mundos desconhecidos ou sondando nosso espírito e seguindo a trilha de novos conhecimentos.

Não estou divagando; sei muito bem como é mais simples nos deixarmos impulsionar pela alegria! Muitas vezes o bom humor, com o qual podemos escapar das armadilhas que nós mesmos criamos, é de grande ajuda. Cada risada eleva imediatamente a energia e nos ajuda a seguir em frente. Recebemos muita ajuda, e freqüentemente quase nem o percebemos. A Terra nos ajuda com sua matéria; o mundo espiritual, com a liberação do saber e através da orientação espiritual. Hilarion sempre nos repete que agora podemos aprender através da alegria. Agora podemos abandonar nossa densidade, nossos pesos, nossos bloqueios, e isso com alegria, pois nós os entendemos.

Podemos começar cada dia com a proposta de aumentar nossa quota de alegria. À medida que direcionamos nossa consciência para a alegria, nós também a percebemos. Num raio de sol que rompe por trás das nuvens; num sorriso que damos ou recebemos; no apoio mútuo que proporcionamos, sabendo muito bem que não era uma obrigação. Podemos nos propor a dizer "obrigado", tendo consciência e a partir da força do nosso coração. A alegria e o amor virão a nós multiplicados. Damos e recebemos, criando assim um rio de energias, produzindo uma harmoniosa felicidade. Manifestamos um clima no qual podemos encontrar nossos irmãos de todos os níveis, no qual podemos crescer e acumular experiências. Ser impulsionado pela alegria significa treinar a nossa consciência; com isso, permitimos que a alegria e o amor se manifestem sempre mais, livres de todo julgamento.

A gratidão é a medida da abertura do coração! Quando agradecemos à Mãe Terra e ao criador de todos os seres por todas as experiências, a alegria entra na nossa vida. E com essa alegria vem a comunhão com nós mesmos e com todas as outras formas de expressão do divino. Começamos a amar sem qualquer julgamento. Ao amarmos, estamos curando. **O amor aumenta quando o julgamento diminui.**

A cura da dualidade acontece através da libertação de nossos padrões de polaridade, nossa crença na separação, que é uma ilusão. Não estamos nem nunca estivemos separados de tudo o que existe, pois tudo o que existe está conectado através das centelhas divinas, e tudo o que existe e existiu foi criado a partir da infinita Fonte do Ser. Imaginamos a separação dentro de nós e depois a manifestamos, porque precisávamos primeiro definir a nós mesmos para compreendermos nossa existência. Reencontrando-nos na Terra num corpo material, nós nos definimos. Vivemos e sentimos a separação, e ela também foi para nós um mestre, e lhe agradecemos por tudo o que experimentamos através dela.

Agora podemos curar essas experiências em nós e nos elevarmos acima dessa ilusão. Concordamos agora em nos aceitar tal como realmente somos — centelhas divinas de luz que vivemos o longo caminho da experiência e agora criamos a cura num mundo material, a Terra, à medida que resolvemos nossos equívocos. Começamos a aceitar amorosamente a nossa Terra e o nosso ser, em todos os níveis da nossa consciência e em todos os nossos caminhos das estrelas. Através do amor crescente e não mais julgador — portanto, amor libertado —, a cura acontece em todos os níveis da consciência.

À medida que permitimos em nós a cura, permitimos também a cura da Terra e também, como não existe nenhuma separação, o aumento da vibração do nosso Universo, porque somos parte dele. Nosso Universo dual também se elevará através da alegria, que segue o amor, e nos tornaremos novamente uma coisa só com o criador de todos os seres.

Tendo a alegria como força criadora, nosso Universo dual foi trazido à existência. Com a alegria de ter passado por todas essas experiências e por tê-las reconhecido sem julgamento, elevamos nossa consciência novamente à unidade com tudo o que existe. Assim eleva-se a vibração do nosso mundo e do nosso Universo e podemos nos tornar novamente um com o Amor infinito e abrangente do qual tudo é gerado.

Parte Três

Exercícios

Capítulo 26

Centramento Com a Cruz de Sirius

Envio-lhes a saudação da frota galáctica e os abençôo com toda a nossa luz. Sou Athena, a Mãe de vocês. Meus bem-amados, importantes transformações aproximam-se de vocês, e vocês sabem que por isso — e também para o nosso grande encontro — é importante se manterem sempre centrados. O centro está dentro de vocês — nunca fora!

Quero hoje iniciá-los em um antigo exercício de Sirius.

Os seres de Sirius levavam uma vida — assim vocês o diriam — feminina. Seu símbolo mais importante era o círculo, como expressão da unidade, dentro do qual encontra-se uma cruz com os quatro braços iguais.

Vá ao centro do seu coração, a esfera dourada, e imagine-o como o ponto central de uma cruz com os quatro braços iguais, que se projeta um pouco além do seu corpo físico.

Trace em volta dessa cruz um círculo de luz clara. Deixe fluir para a cruz, através do seu coração, a cor verde que foi fortalecida pela minha energia.

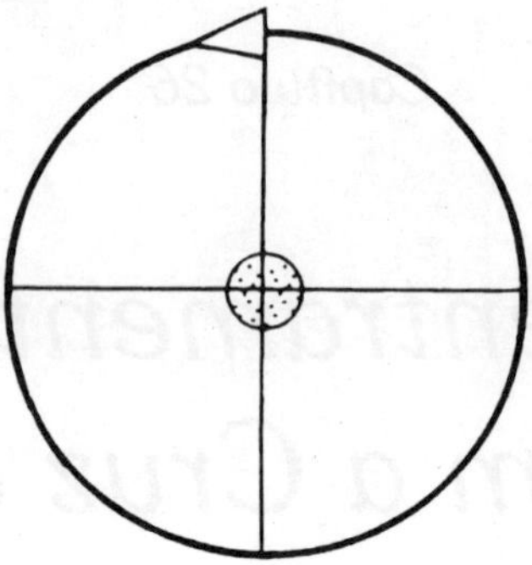

Imagine que a metade inferior do círculo é vermelha e a superior, violeta. Deixe o vermelho e o violeta fluírem um para o outro e se mesclarem numa única cor.

Isso e apenas isso, meus amados filhos, são vocês, e esse é todo o seu sistema. Nesta imagem tudo está contido.

Siga o braço horizontal da cruz até o lado direito do círculo. Fique atento, sinta, não julgue.

Abra essa superfície ao meio, verticalmente, na parte frontal do seu corpo, e dobre-a para o lado esquerdo, fazendo surgir uma meia esfera convexa. Fique agora na metade esquerda. Sinta apenas; não julgue, não observe.

E então unifique os dois campos, fechando a meia esfera nas suas costas. Sinta o calor, sinta a luz e a energia que se erguem em você. Não julgue.

Siga agora a linha do seu coração, a linha horizontal do coração, até a parte inferior dele. Sinta. Divida o semicírculo horizontalmente, pela linha do coração, e dobre-o para cima, formando assim, na parte frontal do seu corpo, uma meia esfera. Vá para a metade superior. Sinta.

E agora unifique também essas metades e abra a meia esfera, pela parte de trás do seu corpo, fazendo surgir uma esfera perfeita. E então, meu bem-amado, agora você se sente íntegro, sente-se pleno, sente-se completamente bem. Do centro de seu coração, evoque a Fonte, a luz, e peça pela ignição de todo o seu mundo. Deixe a luz fluir para dentro de si e toda a escuridão se desvanecerá.

☆

Meus bem-amados, eu gostaria de lhes pedir que, em tudo o acontecer nos próximos dias, sempre consultem o coração, sempre se voltem a esse antigo sistema de Sirius. Recebam dessa esfera, ouçam, vejam e sintam a partir dessa esfera, estejam em si mesmos e consigo mesmos, meus amados filhos, nunca apartados de si mesmos.

☆

Bênçãos. Eu sou Athena.

Forma resumida

Inspire e expire profundamente. Deixe que todos os seus pensamentos do dia-a-dia se ergam em pequenas nuvens coloridas e sinta como o sossego e o equilíbrio harmonioso ganham mais e mais espaço no ser de vocês. Inspire profundamente, visualize sua esfera dourada, o centro do seu coração, assegure-se de que ela está tão brilhante e limpa como deveria. Se não estiver, crie um "detergente-polidor" cósmico e deixe sua esfera dourada bem limpa e brilhante. E então entre nessa sua esfera dourada, no seu espaço, no seu repouso, na sua paz, nesse espaço além de todo julgamento, onde existe apenas amor.

Crie, com uma única inspiração, o braço horizontal da Cruz de Sirius. Ela é sua conexão entre o céu e a terra. Os dois braços têm o mesmo comprimento. Inspire profundamente e agora visualize os braços horizontais.

Inspire profundamente mais uma vez e crie agora o braço vertical, sua balança no tempo e no espaço, que tem o mesmo comprimento do braço horizontal. Assim, você criou uma cruz com os quatro braços iguais.

Veja como flui para dentro de você a luz clara do nível de seu Eu Superior. Absorva-a e faça um círculo em torno da Cruz de Sirius.

Ao envolver sua cruz com um círculo, você está centrando todos os seus quatro corpos no centro do seu coração. Esta cruz é o antigo símbolo de Sirius, o símbolo do centramento no círculo. Você pode tornar esse símbolo tão grande que ele o conectará com todos os universos, mas também pode mantê-lo pequeno, do tamanho que necessitar.

☆

Com um pouco de prática, quando criar em si mesmo o símbolo com três respirações, você estará imediatamente centrado no seu coração.

De tempos em tempos talvez seja necessário que você aloque a um outro chakra esse símbolo do centramento. Por exemplo, quando estiver em contato com as fortes energias da raiva ou da tensão, será útil ver a Cruz de Sirius na frente e atrás do chakra do plexo solar.

Você pode deslocar esse símbolo para onde quiser. Ele seguramente o ajudará a manter-se centrado no aqui e agora, e conservará intacta a sua aura.

Capítulo 27

Integração dos Padrões

Este exercício lhe será de grande ajuda quando você não estiver no seu centro e, por isso, correndo o risco de cair nos velhos padrões.

Saiba que todas essas energias estão ligadas ao seu corpo emocional e, assim, ao seu terceiro chakra. Eu gostaria de lhe pedir agora para ir ao seu terceiro chakra e, por assim dizer, olhar de dentro para fora. É muito agradável imaginar, a partir desse chakra, a imagem de um girassol com suas pétalas amarelo-ouro abrindo-se devagar, transformando-se numa grande roda. Faça isso agora.

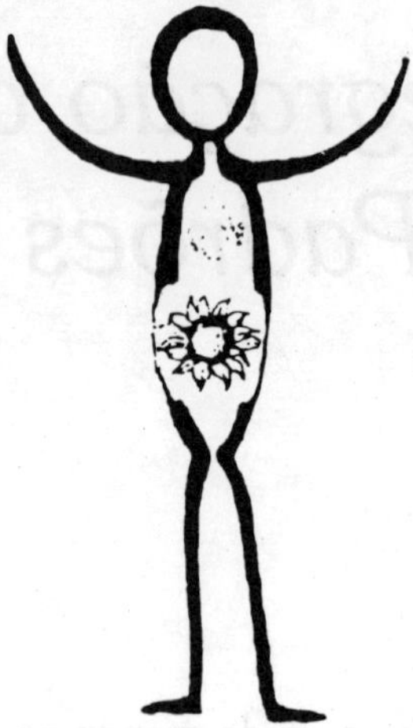

Integração de Rama 1

Centrar na esfera dourada e abrir o plexo solar, de dentro para fora, como um girassol

Imagine que você está vendo o girassol por trás. Dali, você pode ter uma introvisão desse chakra. Através do ponto focal — isto é, do "eixo" do seu chakra, por assim dizer, que você agora passa a perceber — peço-lhe para ver o objeto, o tema, a estrutura energética que quer integrar.

Retorne ao dia de hoje, ou mesmo aos dias precedentes. Muitas possibilidades foram por certo colocadas no seu caminho. Escolha um desses acontecimentos, um que agora não permite que você repouse no centramento. Veja esse acontecimento ou esse processo através do eixo do seu terceiro chakra, como se este fosse um telescópio, um foco, através do qual você contempla essa imagem. Faça isso agora.

Integração de Rama 2
Visualizar, através do foco, o símbolo do padrão (ou frase) negativo

Permita que essa imagem concreta se funda e se dissolva numa forma de energia. Ou escreva a frase-padrão sobre um quadro em frente do seu plexo solar. Evoque um símbolo para esse acontecimento ou para o padrão.

Com toda a atenção, vá até a estrela da alma, seu oitavo chakra, e perceba ali nesse ponto, nesse chakra, o raio de luz da conexão com a Fonte infinita de todos os seres. A partir desse chakra, ilumine com um raio de luz direcionado — como se ali houvesse um holofote — o objeto, a forma de energia que está suspensa diante do seu plexo solar e envolva-a numa luz branco-dourada, como se estivesse imergindo o símbolo ou frase em açúcar, creme ou algodão.

Integração de Rama 3
Conectar-se com a estrela da alma, irradiar luz branco-dourada sobre o símbolo do padrão e envolver esse símbolo

Veja como as cores do objeto mudam e se transformam com a imersão na luz branco-dourada; as formas permanecem inalteradas, mas agora sua cor é o ouro luminoso da Fonte.

Deixe o raio da luz correr incessantemente e siga, com atenção plena, até a esfera dourada do chakra do coração. Entre na esfera, e quando o desejar, construa em si a Cruz de Sirius, através de um pensamento único e direcionado. Faça isso agora. A vontade direcionada o ajudará. A Cruz de Sirius brilha dentro de você.

Acenda a chama violeta no ponto de interseção da cruz, dentro da esfera dourada, e deixe o raio violeta da transformação fluir da esfera e iluminar o objeto, o símbolo que está diante do seu plexo solar. Faça isso agora.

Integração de Rama 4
Irradiar a chama violeta sobre o símbolo envolto pela luz e transformá-lo até surgir um símbolo que você queira integrar

Alimente na luz dourada o raio violeta da transformação. Use o raio violeta como um laser e transforme o símbolo que está diante do seu plexo solar; veja como ele se transforma, como talvez diminua, como sua forma fica suave e flexível. Com isso, você cria diante de si uma imagem que está em condições de integrar — o melhor e mais belo símbolo que você pode criar. Utilize o raio violeta como luz mágica e transmute as formas até surgir uma que você possa aceitar de todo coração, que lhe pareça digna de fazer parte do seu sistema energético.

Agora estenda o ponto focal do seu telescópio sobre o plexo solar e siga, com toda a consciência, para dentro do plexo solar. Abra o foco, dilate-o e o apóie com uma profunda respiração, enquanto imagina que a cada respiração seu chakra — e assim o foco — se alarga, se abre, se expande. Veja o objeto transformado ainda diante de si e diga suavemente:

"Em nome da Fonte trina de todos os seres, em nome da força do EU SOU, eu agora absorvo no meu corpo, com amor e alegria, esta energia transformada, este símbolo, para que se torne luz em todos os meus corpos."

Inspire o objeto. Veja como ele muda de lugar no seu corpo e começa a iluminar-se e a irradiar.

Integração de Rama 5
Voltar ao lado de trás do plexo solar
e dali inspirar o símbolo luminoso
com as palavras de força

Envie a luz branco-dourada de volta à estrela da alma e a chama violeta de volta ao centro do coração. Peça à sabedoria dos seus chakras para que eles agora se fechem na medida certa.

Agradeça a todas as entidades luminosas, de todos os níveis, pelo apoio que lhe deram neste processo.

Integração de Rama 6
Libertar os raios branco-dourados e violeta, e pedir a todos os chakras que agora se fechem na medida certa; agradecer a todas as forças luminosas que prestaram auxílio

Saiba que essa sua estrutura, que você transformou aqui e agora nesta Terra, com auto-suficiência e responsabilidade pelo seu ato, não lhe é mais necessária a partir de agora. Olhe para essa sua Terra e perceba a estrutura e o local em que este maravilhoso planeta iluminou uma ponte que você estava pronto a absorver em si mesmo e irradiar em luz.

☆

Saiba que, sempre que você integra um dos seus padrões sombrios ou uma das suas resistências interiores desse modo tão amoroso, também é possível a esta Terra absorver, em luz e amor, mais um pouco do saber disponível e, através dele, sua sutil rede de energia torna-se cada vez mais clara, luminosa e plena de alegria.

Reconheçam a alegria no jogo da integração, meus bem-amados.

☆

Nota: Nunca se deve integrar mais de dois padrões por dia, pois as energias do nosso corpo precisam primeiro realinhar-se (caso contrário, surge a "síndrome do leite fervendo").

Capítulo 28

Controle dos Pensamentos

Enquanto vivemos, nunca deixamos de criar pensamentos. Quando não os educamos, aqueles mil macaquinhos tagarelas raramente nos dão sossego. Eles nos impedem de encontrar a verdadeira contemplação. Sabemos, há muito tempo, que liberamos energias com os nossos pensamentos e assim produzimos forças que, em sua maioria, fluirão descontroladamente para o nosso mundo. O centramento consciente começa com o realinhamento consciente do nosso pensamento.

Para nos tornarmos mestres e mestras dos nossos pensamentos, é necessário o exercício amoroso. Como só podemos produzir um pensamento de cada vez, é muito útil pensar ou dizer em voz alta um claro "Pare!" Outra possibilidade é deixar que nossos pensamentos sejam extraídos de dentro de nós, através da respiração, por pequenas nuvens matizadas de azul-elétrico.

Muitas vezes nos surpreendemos em conversas silenciosas com nós mesmos, nas quais nos enraivecemos e brigamos com as pessoas que nos parecem responsáveis pela nossa situação. Raramente somos nós mesmos os culpados; na maioria das vezes, são os outros! Com essa "ruminação interior", não elevamos de modo algum nossa energia, e o assunto em questão só é resolvido com muito esforço. Irradiamos as energias da raiva e atraímos, como um ímã, uma nova e pesada raiva. Quando noto que estou "ruminando", interrompo o fluxo dos meus pensamentos e penso conscientemente naquilo que estou fazendo, e talvez até o diga em voz alta. Quando isso me acontece, em geral acabo rindo de mim mesma.

Eu gostaria de dar um exemplo: Durante a primeira fase de construção do nosso centro, precisei preparar as refeições para 16 pessoas numa cozinha mais do que provisória. A água tinha de ser tirada do poço e trazida até um fogareiro de *camping*. Depois das refeições, eu tinha de remover os restos de comida grudados nas panelas e isso era muito difícil por falta de água quente e porque eu só dispunha de uma minúscula bacia de plástico. Resumindo, não era fácil! Interiormente eu espumava de raiva por causa dessa situação; estava azeda comigo mesma e com a minha manifestação, porque nada parecia funcionar direito. Quando me dei conta do que fazia em pensamento, comecei a pensar conscientemente: "Eu agora esfrego estas panelas com facilidade e alegria, a sujeira sai com facilidade, como que por si mesma. Eu agora esfrego estas panelas... etc." Também disse isso em voz alta, como se fosse um mantra (tomando o cuidado de me expressar da maneira mais positiva possível), e logo comecei a rir, pois o trabalho se tornou muito fácil e num instante eu tinha terminado.

Na grande horta que plantei, havia muitas ervas daninhas. Arrancá-las pode ser uma atividade muito ligada à meditação, quando a pessoa se exercita conscientemente. Eu precisei me convencer do fato de que as beterrabas, junto às quais eu me enraivecera com as ervas daninhas, logo estavam novamente cercadas de mato; mas as outras beterrabas, cujos canteiros limpei cantarolando canções de amor pela terra e pelas plantas, e pedindo compreensão para não desenvolver nenhum sentimento de aversão diante da infindável tarefa de "limpar o canteiro das beterrabas", mantinham-se por longo tempo livres das indesejáveis ervas daninhas.

Em vez de acolher pensamentos negativos e carregados, é útil fortalecer a luz, o positivo. Isso ajuda a nossa própria economia de energia, bem como a energia que circula em volta das coisas ou dos seres.

Quando estamos sob grande pressão, em geral esses pequenos "truques" não são suficientes. Parece que não conseguimos mais deter com tanta facilidade essa "rodinha do *hamster*" dentro de nós. Para esses casos, obtive da Irmandade Espacial o seguinte exercício que, embora simples, é muito eficaz, e ao qual dei o nome bem-humorado de:

Sua Alteza pilota no autódromo

(Chamo o meu eu racional de "Sua Alteza")

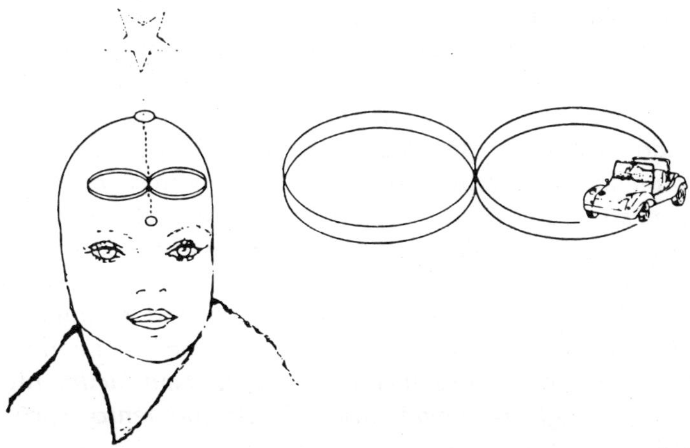

Visualize uma lemniscata (∞, o "oito deitado") dourada que conecta horizontalmente seus dois hemisférios cerebrais, de modo que o ponto de interseção do "oito" fique bem na ponte dos dois hemisférios. Peça ao seu eu racional para se personalizar, caso você ainda não o conheça. Não julgue. Pergunte ao

seu eu racional com qual carro ele quer rodar hoje e visualize esse carro sobre a "pista de corrida". Com uma respiração, concentre seus pensamentos rodopiantes e os coloque num "pacote", e entregue esse pacote nas mãos do seu eu racional. Peça ao eu racional para entrar no carro e deixe-o percorrer a lemniscata (a pista) com o pacote no colo. Acelere conscientemente e vá seguindo o carro com os olhos fechados. Acelere a ponto de perder de vista o veículo, mas mantenha-se completamente alinhado com a sua consciência. Deixe o carro, com o seu eu racional ao volante, percorrer a pista até que suas energias mentais comecem a ficar mais claras; talvez você perceba de início uma luz clara, depois a pura essência da luz no colo do seu eu racional e, por fim, apenas uma luz que corre sobre a lemniscata. Pare no ponto de interseção do "oito". Deixe que a energia, agora purificada, flua para o canal da sua espinha dorsal e para o canal transpessoal sobre o cérebro, de modo a criar uma conexão entre a Terra e o cosmos. Dê um pouco de sua energia luminosa ao seu eu racional, para que ele se transforme positivamente (o meu "Sua Alteza", que costuma ser um comportado contabilista grisalho, despe o guarda-pó e se transforma num herói brilhante e cheio de força). Agora você é o mestre ou a mestra da energia. Você pode usar a energia para rever o assunto num tranqüilo centramento. Pode examinar quais padrões se moveram nesse "desenraizamento", para depois integrá-los através de Rama. Pode repensar qual energia lhe falta — em geral, é a confiança em si mesmo e na situação — e instilá-la no seu sistema através do seu canal. Pode também facilmente saborear a energia recém-adquirida. Nesse momento, você é o mestre, a mestra.

☆

A "viagem no autódromo" é um exercício muito simples e bem-humorado, que já foi de grande utilidade para mim e para muitas outras pessoas e que, além disso, ainda nos traz alegria. Aqui também se aplica a regra: nada de esforço espiritual estressante ao visualizar! É maravilhoso quando podemos ver claramente nossas imagens interiores, mas isso nem sempre é possível. Nesse caso, crie suas próprias imagens, imagine-as; o importante é que você esteja completamente alinhado com o que quer fazer. A energia está sempre onde estiver a consciência.

Há muitos exercícios diferentes que nos ajudam a nos tornarmos mestres e mestras das nossas "saladas mentais". Como ocorre com todos os exercícios, eles só nos são úteis quando os praticamos! O sucesso é alcançado quando a obra-prima sai bem e nos louvamos por ter escapado aos trilhos costumeiros dos nossos pensamentos desgovernados. Assim, temos à nossa disposição a energia com que poderemos libertar o nosso eu racional de seus caminhos costumeiros, para viver a sua real finalidade: intuição e inspiração através da orientação divina. A intuição nos abrirá novos caminhos, tornando visíveis possibilidades de solução totalmente novas e nas quais nunca havíamos pensado. Nossa orientação divina, nosso Eu Superior, pode nos inspirar e ser percebido por nós com muito mais facilidade.

Os mil macaquinhos tagarelas se acalmam a olhos vistos e nossas energias fluem, como se nós mesmos as determinássemos. Tornamo-nos, todos nós, mais serenos, e a infinita amplidão do nosso espírito abre-se realmente para nós.

Capítulo 29

Conexão Com o Eu Superior

O Eu Superior, nossa centelha divina, a presença do EU, está sempre conosco, esteve sempre conosco e sempre estará conosco. O Eu Superior é a nossa orientação divina, que nos dirige com divino amor e sabedoria ao longo de todas as nossas vidas. Ele nos ama tal como somos, seja qual for a nossa escolha e sem qualquer julgamento, pois o Eu Superior está além de todo julgamento. O Eu Superior é a nossa ligação com as dimensões mais elevadas, com o mundo espiritual e com os mestres da luz. Acima dessa fonte de sabedoria amorosa, sentimos a intuição divina e a ajuda energética em todas as situações da vida.

Já foram escritos muitos livros sobre a conexão com o Eu Superior, e as muitas escolas espiritualistas propõem os mais diversos caminhos de ligação. Nos tempos antigos, essa conexão era secreta, seu conhecimento era muito bem protegido, e só estava disponível a um pequeno círculo de iniciados. Nesta época de aumento das vibrações, lembramo-nos da nossa origem divina e do nosso direito de nascença à conexão com a presença do EU. A antiga sabedoria e as instruções do mundo espiritual agora estão disponíveis para todos os que estiverem prontos a liberar seus padrões e fortalecer a conexão divina.

Não alcançamos esse nível com o pensamento, nem com as puras forças mentais. É o nosso eu emocional que produz as conexões de energias no nosso sistema, e por isso um bom contato com esse nosso nível é de grande importância. Nosso eu racional, nossas forças mentais, formam o alinhamento e mantêm o foco. Se ante a divindade o nosso eu emocional se sente culpado ou sem valor suficiente para produzir essa conexão, mal perceberemos as energias divinas em nós. É por isso que considero muito importante abrir o caminho para o nosso Eu Superior liberando nossos bloqueios, para que o livre fluxo da Fonte de todos os seres esteja novamente à nossa plena disposição.

O caminho da libertação — é assim que denomino esse processo —, bem, não me é possível apresentá-lo por escrito. A energia do grupo e a orientação espiritual são absolutamente indispensáveis para esse processo. No entanto, eu gostaria de compartilhar com vocês um dos caminhos do exercício, apenas para "uso doméstico", por assim dizer.

☆

Centre-se e relaxe ao seu próprio modo — com a Cruz de Sirius, por exemplo. Coloque as duas mãos sobre o plexo solar e visualize ali o seu eu emocional. Sem esforço estressante, mas também sem manipulação! O nosso eu emocional é muito rápido e se expressa através de imagens e sensações físicas. Simplesmente peça ao seu eu emocional para que se mostre a você, tal como ele sempre se apresenta. Pode ser muito bom que você não tenha lidado com essas energias há algum tempo e que elas apareçam sob uma forma que não lhe seja agradável. Isso não deveria assustar você; deveria ser uma indicação para que você preste mais atenção ao seu corpo emocional. Fale com o seu eu emocional, pergunte-lhe a quê você deveria prestar atenção especial. Visualize, no chakra do coração, a luz cor-de-rosa do amor e da concórdia. Irradie essa luz sobre o seu eu emocional e veja, sinta, ouça ou perceba como ele, nessa luz amorosa, relaxa e se fortalece, como se ele, pelo menos agora, se sentisse digno de ser amado e de receber atenção. Peça ao seu Unihipili, seu Ku — essas são as expressões havaianas para o eu emocional —, para entrarem na esfera dourada do seu coração, naquele espaço além de todo julgamento, onde o amor é simples. Peça agora para conectar-se com o seu Eu Superior. (Você também pode pedir um símbolo para algum padrão que estiver interferindo com essa conexão, e integrá-lo através do exercício de Rama.)

Imagine um luminoso canal dourado, que flui do seu coração, através de seus chakras, até o chakra da coroa e deste até a estrela da alma, seu primeiro chakra transpessoal, que é a sede de seu Eu Superior. Inspire e expire profundamente e peça ao seu eu emocional para que, através da respiração, seja gerada a energia que produz essa conexão. Você pode visualizar essa energia como uma bola dourada, que você vai inflando cada vez mais, com cada respiração, até ela ficar radiosamente clara e iluminada.

Peça ao seu Eu Superior um símbolo para a sua energia. Pode ser uma forma, uma estrela de luz, um sol ou, se lhe for agradável, a imagem de Cristo. Precisa ser um símbolo de alta vibração. O símbolo nos ajuda a manter o alinhamento. O seu símbolo é algo muito pessoal, como se fosse a chave para todas as suas energias. Por isso, não devemos desperdiçar palavras em relação a esse símbolo. Você não vai querer dar aos outros a "senha" dos sistemas. Muitas vezes ocorre que o símbolo do Eu Superior se altera depois de você ter dissolvido mais padrões e sua energia ter aumentado.

Visualize o símbolo do seu Eu Superior sobre a estrela da alma. Não se preocupe se você não o vir em tecnicolor; apenas o imagine bem focalizado. Inspire profundamente e, ao expirar, liberte a esfera de energia inspirando-a para dentro do seu Eu Superior. Observe e imagine a bola de luz entrando ali; imagine que o seu canal dourado, através do qual a bola de luz se elevou, está livre; imagine que as energias do Eu Superior e da estrela da alma fluem para dentro de você. Para fortalecer a conexão, você pode dizer preces e mantras: "Divino Eu Supe-

rior, eu te evoco em nome do amor, da sabedoria e do poder de cura" ou "Eu sou um filho da luz, sou um filho do Uno Universal, e teu amor (sabedoria, poder de cura, paz, etc.) agora flui infinitamente para dentro de mim." Você escolhe o que lhe parecer mais adequado. Mas escolha sempre a mesma fórmula de evocação, para que o caminho se molde de forma bem clara. O mundo espiritual criou certas preces poderosas para essa evocação, a fim de alcançarmos o total alinhamento com a presença divina e podermos nos conectar com a força co-criadora.

Nessa conexão, você pode dirigir suas preces de manifestação ao seu Eu Superior, pode pedir indicações e orientação, e pode deixar fluir a energia do Eu Superior pedindo a cura de determinadas regiões do corpo. O Eu Superior também é o portal para o seu canal divino, para a sua conexão com os mundos espirituais. Peça sempre para que haja facilidade e alegria nesse processo de transformação luminosa. Peça a graça divina para a dissolução dos seus bloqueios e dirija à sabedoria do Eu Superior seus pedidos e suas preces. Ele é infinitamente mais sábio do que nós, e nos ama sem nenhum questionamento. Para fortalecer esse amor, eu finalizo toda prece, todo pedido, com o antigo mantra: "Tal como o desejas, assim será."

☆

Neste ponto, eu gostaria de dizer algo mais em relação às preces. Devemos pensar bem nos nossos pedidos antes de qualquer evocação. Podemos pedir tudo o que quisermos, mas também precisamos ter clareza quanto às conseqüências daquilo que pedimos, na medida em que isso é possível ao nosso espírito humano. Nosso pedido não deve prejudicar ninguém, nem nenhuma instituição ou comunidade. E não devemos interferir no nível divino — por exemplo, rezar pela cura de um ser amado, com a melhor das intenções, mas sem ter obtido a autorização expressa da pessoa. Quem somos nós para saber o que é bom para ela? Talvez a doença lhe traga um conhecimento importante. A luz e o amor sempre podem ser enviados, mas para todos os problemas especiais a permissão expressa é necessária. Caso contrário, apesar da nossa boa intenção, estaríamos interferindo na vida dos outros, sem luz nem permissão.

Se pedíssemos uma BMW — para aproveitar um exemplo citado nos meus seminários —, deveríamos pedir também dinheiro suficiente para a gasolina, o IPVA e o prêmio do seguro!

A prece deve ser formulada de modo positivo, como se já tivesse se realizado. É muito útil imaginar um símbolo de prece com a ajuda do eu emocional, pois ele eleva a conexão de energia e, com a prece, vêm à tona todas as nossas possíveis memórias represadas. Os anjos da manifestação perguntam-se freqüentemente: "Esta pessoa quer agora purê de maçã, torta de maçã, uma macieira ou está apenas alisando uma maçã?" Quando elevamos a imagem clara de uma maçã, definimos da maneira mais clara possível a energia da "maçã".

Após a prece, não adianta sentar na espreguiçadeira e esperar que a BMW caia dos céus no nosso jardim. Isso até é possível — os milagres acontecem —, mas precisamos pôr em movimento a matéria e nós mesmos, para que nossos pedidos também se realizem, desde que compatíveis com o nosso nível divino. Nosso Eu Superior talvez nos indique um determinado caminho; talvez compremos um outro jornal e ali encontremos o anúncio de uma BMW por preço acessível; talvez sigamos por uma rua diferente, e eis que na calçada está uma BMW à venda. São múltiplos os caminhos de Deus e, à medida que seguimos nossa orientação divina, nossa vida se transforma e alcançamos mais amor, mais alegria, mais saúde.

☆

Nota: Como a energia do grupo e a orientação dos mestres da luz são muito importantes para o meu trabalho, durante o processo eu coloco à disposição de todos, num treinamento intensivo, o mais detalhado conhecimento sobre as possibilidades do nosso eu emocional no caminho da libertação e sobre as preces oferecidas pelo mundo espiritual para a evocação.

Capítulo 30

Construção e Fixação das Colunas de Luz

Graças à conexão com o nosso Eu Superior, temos a possibilidade de manifestar a luz. Colunas de luz têm sido utilizadas desde os tempos estelares para construir pontes de comunicação, ancorar as energias de cura, suprir espaços e locais com energia luminosa e para muitas outras finalidades do trabalho com a luz.

Podemos construir colunas de luz individualmente ou nos nossos grupos de meditação. Elas sempre servem para uma conexão luminosa entre o céu e a terra. Através dessas colunas de luz, nosso planeta natal recebe energia cósmica para a cura e para a elevação.

☆

Depois de termos feito uma conexão precisa com o Eu Superior, começamos a puxar a luz do nosso Eu Superior para dentro do nosso coração e a expirá-la para fora dele, seja no centro do nosso círculo ou no local onde queremos construir a coluna de luz. Visualizamos ou imaginamos, bem focados, a coluna crescendo em direção ao céu com cada respiração. A inspiração está sempre na estrela da alma, sede do nosso Eu

Superior; a expiração está no coração, na direção da coluna. Durante a inspiração, é muito útil pensarmos em "Cristo" ou na "Luz" e, durante a expiração, em "Amor" ou "Cura" (conforme a finalidade a que nossa coluna deve servir). Respiramos o tempo necessário para que a coluna atinja o tamanho que ima-

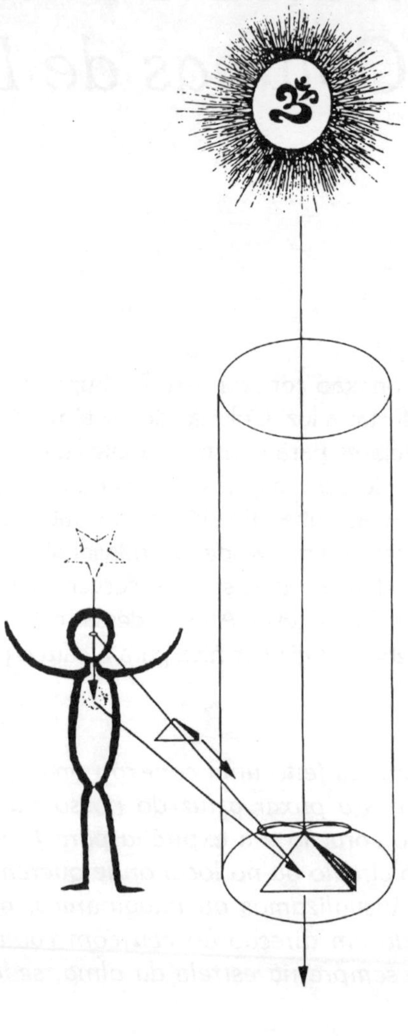

ginamos, enquanto nos deixamos conduzir confiantemente pelo nosso saber interior, pelo nosso alinhamento e pela nossa intuição divina. Quanto mais fizermos esse trabalho de luz, mais seguros nos tornaremos.

☆

Podemos construir colunas maiores sobre centros habitados, deixando que elas cubram os telhados ou toda uma cidade, ou podemos criar uma conexão com o cosmos, fazendo a coluna cobrir todo o nosso planeta.

Nessas colunas, podemos então recarregar nossos objetos de força com a energia da luz; podemos colocar as pessoas por quem fazemos as preces em colunas de cura e invocar para elas o raio verde curador. Podemos simplesmente pedir um foco de luz no nosso espaço, e nele estabelecer colunas para a clarificação das energias não-luminosas — lembrando sempre que precisamos dissolver obrigatoriamente a coluna depois da purificação do local.

A "vida útil" dessas colunas de luz vai depender da quantidade de energia centrada com que foram construídas; elas necessitam de um fluxo ininterrupto de energia. A Irmandade Espacial mostrou-nos uma maneira de fixar nossas colunas de luz. Monka, um dos seus seres, acha muito importante que reaprendamos, na prática, como a luz se manifesta e como devem ser fixadas as colunas de luz que temos por missão distribuir sobre este planeta, para que seja possível a passagem da luz entre os diversos níveis.

Para isso, Monka, do seu nível, dá-nos informações sobre o modo de fazê-lo:

☆

Primeiro limpe os locais onde você recebeu a missão de construir as colunas de luz (alimentando-os, por exemplo, com luz azul-elétrico) e conecte-se com o seu eu estelar, o seu eu angélico, o seu Eu Superior, e deixe essa força fluir através de você. Deixe surgir diante do seu terceiro olho uma pirâmide de luz azul-

elétrico e visualize como essa pirâmide de luz é enviada ao ponto no qual você quer construir e fixar a coluna de luz. Limpe sua consciência e deixe que as muitas pirâmides azul-elétrico, enviadas por você, se juntem numa única.

Veja então como o raio de luz é alimentado e alinhado pelo grande Todo universal através do topo da pirâmide azul-elétrico, por sua própria vontade de manifestar e fixar a luz sobre o planeta Terra. Com a ajuda do raio dourado, que você transmite com seu terceiro olho, desenhe uma lemniscata (∞) dourada sobre a pirâmide, com o ponto de interseção da lemniscata exatamente sobre o topo da pirâmide; sua consciência permanece unificada. A partir daí, esse raio de luz, cujo eixo forma a coluna, estará fixado até que você queira dissolver a coluna. Essa coluna de luz é um raio de comunicação fixo, que conecta a Terra com a Fonte de todos os seres e também, se você assim as construir, com seus bem-amados irmãos espaciais.

☆

Monka enfatiza a importância de sempre construirmos novas colunas de luz no planeta, para que a energia divina possa alimentar mais rapidamente todos os sistemas existentes sobre a Terra e dentro da Terra. Isso é essencial para que o futuro aumento da vibração seja pleno de luz e alegria.

☆

Fixar colunas de luz é possível não apenas para grupos. Se você quiser erigir e fixar individualmente uma coluna de luz, construa-a tal como descrevemos acima.

E então visualize, com seu terceiro olho, uma pirâmide azul-elétrico. Imagine uma sutil linha condutora de energia no meio da sua coluna de luz e expire a pirâmide, sobre essa linha condutora, para o meio da coluna de luz. Veja ou imagine o raio condutor de luz lançando-se do topo da pirâmide para o cosmos. Depois peça pelo raio dourado, coloque-o sobre o seu ter-

ceiro olho e forme uma lemniscata sobre a pirâmide, com o ponto de interseção da lemniscata exatamente sobre o seu topo. Assim, a coluna de luz estará fixada até que você a dissolva, quando o desejar.

☆

Muito embora tenham sido fixadas, de vez em quando as colunas de luz construídas nas salas de meditação devem receber a nossa atenção através de uma respiração consciente. Nosso eu emocional conduz as energias e nós, à medida que renovamos a energia da nossa coluna de luz, também elevamos as energias do nosso corpo e nos tornamos mais conscientes dessa fonte energética de luz e força que existe no nosso espaço.

Capítulo 31

O Trabalho Com os Cilindros de Luz Azul-Elétrico

Primeiro, eu gostaria de reproduzir as palavras originais de Rama:

☆

Saudações e bênçãos, meus amigos. Eu sou Rama. Quero transmitir-lhes um exercício que lhes permitirá fortalecer e expandir sua rede elétrica de luz. Este é um exercício da Nova Era. Peço que se coloquem numa posição totalmente ereta e endireitem bem a coluna vertebral, para terem a segura sensação de um eixo retilíneo. Depois que tiverem se conectado ao seu Eu Superior, peço que deixem sua energia elevar-se, sobre a Cruz de Sirius ou por outro caminho, atravessando seus chakras transpessoais, até alcançarem o décimo segundo chakra. Simplesmente imaginem, meus amigos, que a energia da Terra flui através de seus chakras, através do canal de sua espinha dorsal e sobre até o seu décimo segundo chakra, e sintam esse chakra da unificação cósmica, quando assim o desejarem, como uma imagem com as cores do arco-íris. Peçam ao guardião — a força desse centro energético em vocês, que é responsável por todas as energias universais da Fonte criadora de todas as cores — para permitir que a força do raio de luz azul-elétrico flua para dentro de vocês.

Recebam essa luz no seu décimo segundo chakra. Sintam e vejam como a luz se expande no nível do seu décimo segundo chakra e logo flui, através de um cilindro, por todo o seu ser em direção à Terra. A luz azul-elétrico e sua energia estão dentro de vocês, em cima, embaixo, na frente e atrás de vocês. Encham o cilindro com a luz azul-elétrico. Entrem sem medo nessa energia; a luz começa a fluir.

Então, meus amigos, passem a perceber a si mesmos como sendo elétricos; vejam dentro de si, na sua coluna azul-elétrico, seu alinhamento, seu eixo, vejam seus doze chakras, vejam como eles giram de forma pura e clara nessa luz, e então essa luz azul-elétrico, com a ajuda dos doze chakras, dos doze centros de energia, começa a se expandir, a respirar, de modo que a coluna de luz vai ficando maior e mais ampla — ou seja, ela vai além do seu sutil corpo energético... um cilindro de luz azul-elétrico que se expande, se expande, se expande cada vez mais...

Experimentem, quando assim o desejarem, a conexão com a energia elétrica de seus outros círculos; vejam, porém, que tudo é energia elétrica, além de todo julgamento, uma energia azul-elétrico que vocês envolvem num forte cilindro de luz azul. Vejam então como seu cilindro de luz pessoal e os cilindros de luz dos outros se juntam num único grande cilindro. Experimentem com alegria, meus bem-amados, a fusão dessa luz azul-elétrico e a expansão que ocorre quando três ou mais de suas energias elétricas se juntam.

Bem, vocês podem agora deixar que esse grande cilindro se expanda — se acharem adequado neste dia, nesta hora em que estão realizando o exercício. Saibam que a tessitura, a sutil rede de energia azul-elétrico, clarifica instantaneamente todas as energias. Sobretudo quando as energias dos diferentes seres estelares se unem, com vontade e alegria, para gerar um grande cilindro de energia, vocês podem estar certos de que assim estarão ligados à força estelar original. A energia produzida por essa união é tão poderosa quanto sua luz estelar original, tão forte quanto era na época em que vocês ainda habitavam as dimensões nas quais eram "apenas" luz, meus amigos; e saibam que agora essa luz ilumina tudo num grande círculo. Ela libera todas as energias que vibram mais baixo do que a luz azul-elétrico. Maravilhoso, não é?

E quando tiverem gerado energia suficiente no espaço onde se movimentam, quando tiverem gerado suficiente energia elétrica luminosa nesse espaço que desejam preencher — deixem que seus cilindros retrocedam lentamente, dissolvam a união (que poderá ser renovada a qualquer momento) e se conscientizem, cada um de vocês, do seu cilindro pessoal, que alcança todos os seus chakras, meus amigos.

Saibam que, através dessa luz azul-elétrico, a força de seus quatro corpos, a estrutura de energia elétrica dos seus quatro corpos e de todas as suas células são purificadas e elevadas.

E então agradeçam pelas energias da luz azul-elétrico e, quando o desejarem, dissolvam o cilindro. Deixem que as energias do seu décimo segundo chakra fluam para os outros chakras do seu corpo de matéria densa, e sintam a conexão com seus chakras transpessoais — no entanto, sempre voltando a ancorar conscientemente na terra a si mesmos e às suas energias. Isso é muito importante, meus amigos.

Agradeço a vocês pela maravilhosa irradiação e os abençôo com as saudações de toda a Frota. Eu sou Rama.

☆

A luz azul-elétrico não é uma luz ou uma cor deste nosso mundo. Você pode imaginá-la melhor como o arco luminoso de um maçarico ou como a chama de um bico de gás.

Essa luz galáctica tem a capacidade de dissolver em luz todas as energias que não são luminosas, ou de filtrá-las dos sistemas nos quais são trabalhadas. É por isso que esse exercício tem uma utilidade inestimável. Seja quando você quer clarificar a criação de um cilindro do seu próprio sistema (o que não substitui o trabalho de dissolução de padrões, mas ajuda você a libertar seu sistema de energias confusas), seja quando você quer clarificar espaços ou quando recebeu instruções para trabalhar o sistema de redes da Terra.

☆

Eis aqui um exercício para clarificar suas energias sutis:

☆

Vamos supor que você se sente inquieto ou confuso, ou que esteve na companhia de energias caóticas. Para purificar seu sistema físico, você pode utilizar o cilindro de luz azul-elétrico. Inspire e aspire profundamente e, a seu próprio modo, alcance o relaxamento mais profundo possível. Faça, por exemplo, a Cruz de Sirius ou outro exercício de centramento. Depois visualize a si mesmo respirando de chakra em chakra, subindo sempre, até alcançar seu 12º chakra transpessoal. Não é importante ter detalhes concretos sobre o local exato em que esse chakra se encontra na área transpessoal; direcione seu foco a partir dali e tenha certeza de que você está ali. A energia sempre está onde estiver a consciência. Imagine agora, no nível de seu 12º chakra, um grande lago e peça para as forças universais de todas as cores luminosas emitirem a luz azul-elétrico. Imagine que uma corrente de azul-elétrico flui para dentro do seu 12º chakra. Mas lembre-se, sem causar estresse espiritual! Quando estiver plenamente centrado, pense: "agora flui a luz azul-elétrico", mesmo que nem sempre consiga imaginar essa cor. Também aqui se aplica a frase: A energia sempre está onde estiver a consciência.

Deixe-a fluir para o seu 12º chakra, até ele ficar completamente cheio. Imagine ainda que o seu lago transborda e seu 11º chakra vai enchendo; quando estiver cheio, ele também transborda e seu 10º chakra começa a encher; e assim sucessivamente em todos os seus chakras, até você chegar aos chakras da sola dos pés. A corrente da luz azul-elétrico é infinita — mas não fique divagando a respeito dela, pois isso pode fazê-la escapar do seu alcance. (Caso esses pensamentos lhe ocorram, examine possíveis programas falhos e dissolva-os através da Integração de Rama.) E então a luz azul-elétrico também flui através do canal de seus chakras. Com a ajuda da respiração, imagine que o canal de luz azul-elétrico se alarga e se expande até que todos os seus corpos se integrem dentro de um cilindro de luz azul-elétrico. Perceba como as energias do estresse ou as partículas não-luminosas que você havia absorvido se transformam em pura essência de luz e, a partir desse instante, fortalecem o seu sistema. Não se trata aqui de coisas concretas; deixe que a força da luz trabalhe por você. Depois de permanecer por tempo suficiente nessa "ducha" de luz cósmica, com uma respiração remova todo o excesso para a terra, deixando um sutil fio de luz azul-elétrico no centro do canal de seus chakras. Você pode imaginar que a Mãe Terra aceita essa dádiva de energia para o bem do Todo. Agradeça às energias da luz, evoque a sabedoria dos seus chakras e peça para que eles agora se fechem na medida certa, e retorne, claro e renovado, ao seu aqui e agora.

☆

Os exercícios seguintes servem para clarificar e purificar ambientes, com a ajuda da luz azul-elétrico:

☆

Imaginemos que você tenha passado por um grande sofrimento em um de seus espaços, mas agora, apesar disso, quer meditar ali; ou suponhamos que você está preparando um ambiente para trabalhar um círculo de luz; ou que você quer livrar a sua casa de energias perturbadoras — também nesses casos o cilindro de luz azul-elétrico lhe será de grande ajuda. Crie o cilindro tal como indiquei acima. E então expanda esse cilindro de tal modo que os cômodos que você quer aclarar caibam totalmente dentro dele. Peça a todas as forças cósmicas da luz azul-elétrico para que purifiquem esse espaço de tudo o que seja menos luminoso do que a luz azul-elétrico. Perceba como as possíveis energias confusas se dissolvem em pura essência de luz e como se reinstala um equilíbrio harmonioso.

Também é muito útil construir sobre sua casa uma pirâmide de luz e, constantemente, fazer fluir sobre ela a luz azul-elétrico. Você consegue melhores resultados quando o faz junto com as pessoas que vivem na sua casa ou junto com o seu grupo de meditação. Conectem seus cilindros de luz numa consciência integrada (tal como é indicado por Rama). Deixem que esse cilindro de luz integrado se erga acima de seus corpos físicos, e vejam, todos juntos, a pirâmide sob vocês. E então irradiem a luz azul-elétrico, através do cilindro integrado, para dentro dessa pirâmide, e vejam como ela se enche totalmente de luz edissolve eventuais energias não-luminosas em sua pura essência.

Nas pirâmides erguidas sobre terrenos ou comunidades maiores, em que se realiza muito trabalho de luz, provou-se que é importante não apenas construir uma pirâmide sobre a superfície da terra, mas também construir uma pirâmide inversa sob a primeira, de maneira a formar uma pirâmide "dupla", um octaedro. E depois todo o espaço que surgiu deve ser permeado com a luz azul-elétrico.

Depois que a sala, a casa ou o terreno estiverem totalmente permeados e vocês tiverem criado juntos o octaedro, façam descer o cilindro, retornem ao seu cilindro pessoal e então descarreguem sua luz na terra. A luz na pirâmide permanecerá por algum tempo, pois as pirâmides são formas criativas. No entanto, as pirâmides devem ser constantemente permeadas. Quando você tiver permeado seu espaço pessoal, reabsorva o cilindro no seu corpo e descarregue a luz no seu cilindro. Seu espaço ou sua casa estarão então purificados.

Dessa maneira, também é possível clarificar locais públicos ou antigos locais de força que tenham sido poluídos energeticamente. Às vezes também é necessário construir colunas de luz para que as almas astrais aprisionadas possam dirigir-se à Luz. Mas é imperativo que essas colunas de luz sejam dissolvidas tão logo as energias aprisionadas tenham retornado à Luz; caso contrário, elas agirão como um aspirador de pó, atraindo toda a astralidade, a próxima ou a distante — e isso não é nada favorável para as energias das pessoas que ali vivem.

☆

Dentre os trabalhos galácticos, conta-se o trabalho nas redes da Terra. As redes do nosso planeta são sutis sistemas de energia. Sobre algumas das diversas redes fluem nossas placas continentais, e seu equilíbrio harmonioso é de grande importância para esta consciência planetária — para este nosso planeta. Aqui correm as principais correntes de energia de Gaia; sobre essas redes são conduzidas as diversas emissões que a consciência faz surgir para a sua elevação. Por isso, é claro que essa rede também tem grande importância para todas as forças que servem à não-Luz. Testes nucleares realizados nas entranhas da Terra, emanações não-luminosas que aqui se fixam, todo tipo de desequilíbrio energético, perturbam o intercâmbio sutil de todas as energias que são conduzidas sobre essa rede. A Irmandade Espacial convida-nos sempre à cooperação. É importante entender que nós, com nossa energia terrena, podemos trabalhar melhor com essas redes do que nossos irmãos do espaço. Com nossas vibrações pessoais, simplesmente estamos mais próximos das vibrações telúricas do que a Irmandade Espacial.

☆

Você pode imaginar essa rede principal como uma grande rede amarelo-dourada. Se receber essa missão da Irmandade Espacial, ou se o seu Eu Superior lhe pedir para examinar de-

terminadas áreas dessa rede, coloque-se no seu cilindro de luz azul-elétrico. Conecte-se com o seu Eu Superior e peça-lhe orientação e instruções pelo bem do Todo. Deixe o cilindro erguer-se acima do seu corpo físico e direcione seu foco para a área que deseja trabalhar. Perceba a rede nas entranhas da Terra e examine-a. Se descobrir algum ponto onde a rede está muito fina ou mesmo rompida, deixe que a luz azul-elétrico flua através do seu cilindro e permeie os fios da rede. Veja como eles se purificam e fortalecem. Se lhe for conveniente, você pode também alimentá-los com a luz dourada de cura, através do centro de seu cilindro, e assim consertar os fios da rede. Faça-o até que a rede volte a estar perfeita. Veja também como a energia azul-elétrico com que você a alimentou se expande por toda a rede. Quando tiver terminado o trabalho, reerga seu cilindro, concorde em ser trazido de volta ao seu corpo físico e, novamente, ancore sua plena consciência no aqui e agora, dissolvendo assim o cilindro.

☆

Este outro exercício, muito poderoso, serve para fortalecer o eixo da Terra através da luz azul-elétrico. Sugiro que seja realizado em grupo.

☆

Conectem seus cilindros numa consciência integrada e deixem esse cilindro integrado erguer-se acima da Terra. Vejam o eixo da Terra, que mantém a estabilidade do nosso planeta. Coloquem-se sobre o pólo Norte e deixem a luz azul-elétrico fluir do cilindro e permear o eixo da Terra; vejam como o eixo da Terra fica claro e purificado. Enquanto sua consciência se ancora com clareza no cilindro integrado, visualizem o caminho da luz e percebam como ela sai do eixo da Terra no pólo Sul.

☆

Na época em que o cometa "Shoemaker-Levy" iria passar perigosamente próximo da Terra, recebemos instruções da Irmandade Espacial para visualizar um escudo de luz azul-elétrico em torno do nosso planeta e expandir esse escudo protetor até Saturno — dando assim apoio à luminosa Irmandade Espacial, que acompanhou todo o tempo o trajeto do cometa e, quando o nível divino o permitiu, alterou-lhe a rota. Foram necessárias também a compreensão e as preces dos filhos estelares da Terra, bem como dos seres de Júpiter, para que o cometa não colidisse com Gaia.

Devemos nos dedicar a esses trabalhos galácticos somente quando recebermos essa missão do mundo espiritual, seja através de canais claros ou do nosso próprio canal. É por isso que eu gostaria de pedir-lhes para que sempre examinassem todas as mensagens na amorosa esfera dourada do seu coração.

Todos nós somos canais para o mundo espiritual, quer tenhamos sido instruídos para esse fim ou não. Mas cada canal é tão claro quanto a consciência à qual está ligado. Assim, ser um canal também significa uma constante dissolução de padrões, para que nos tornemos cada vez mais claros. E, naturalmente, é de extrema importância uma conexão precisa e estável com o nosso Eu Superior. Atenção: não faça nenhum trabalho de canalização e nenhum exercício sem uma conexão precisa com o Eu Superior!!! Nesta época em que a consciência integrada se eleva tão rapidamente, em que florescem tantos "canais-bebês" — permitam-me usar esta amorosa expressão pessoal —, todas as entidades possíveis esperam apenas por uma conexão com a Terra! E você quer estar seguro de saber exatamente em que nível se coloca à disposição, não é? Seu Eu Superior assegura a conexão divina, e a sabedoria divina assume a orientação do seu trabalho. É claro que seu Eu Superior está sempre com você, sempre esteve com você e sempre estará com você. Há diferentes caminhos de aprendizado que ajudam você a alcançar um claro contato.

☆

Há ainda outras aplicações práticas, em 3-D, para o seu dia-a-dia:

☆

Podemos, por exemplo, envolver uma viagem na luz azul-elétrico e visualizar como chegamos ao destino com facilidade e segurança. *Simplesmente visualize seu roteiro de viagem, crie um cilindro de luz azul-elétrico e envie esse cilindro por todo o trajeto e por todo o espaço de tempo que levará sua viagem.* Certa vez, uma amiga usou esse método e conseguiu evitar um acidente na estrada: de súbito, o carro à sua frente parou no meio da pista com um pneu furado; mantendo a calma, ela se desviou habilmente do carro parado — e também escapou do grande engarrafamento que logo se formou atrás do carro acidentado. Em situações de perigo, recomendo que você faça uma conexão imediata com o Eu Superior e cante OM em voz alta. A vibração do OM divino é um forte escudo de energia.

Quando nos surpreendemos tendo pensamentos desarmônicos, é fácil *recapturar esses pensamentos com um "laço" azul-elétrico e dissolvê-los no cilindro azul-elétrico.*

Quando estamos em dúvida ou preocupados por causa de certos acontecimentos pendentes, nossa energia diminui. *Podemos permear com luz azul-elétrico esse temido acontecimento e pedir apoio ao nosso Eu Superior; com isso, elevamos nossa energia e purificamos nossas expectativas.* Nessa situação, lembramo-nos da luz azul-elétrico e então tudo se deixa controlar poderosamente.

Há ainda muitas outras possibilidades, mas só posso recomendar que você as experimente. Também aqui é verdadeiro o ensinamento da filosofia Huna: Fique com o que lhe é útil.

Capítulo 32

Dissolução de Emissões Emocionais e Mentais

Bem-vindos e abençoados, queridos amigos, eu sou Vyvamos. É importante que vocês, nesta época, considerem algumas coisas do ponto de vista correto. Todos vocês notaram que desde a abertura do segundo portal, surgiu certa confusão em diversos níveis. A consciência psicológica deste Universo os convida agora, com toda urgência, a reconhecerem suas obscuridades pelo que elas realmente são: manifestações de suas forças mentais e emissões emocionais ainda não direcionadas.

Uma coisa é clara: quando uma força multiplicada e altamente energizada flui através do foco, o transporte de energias poluídas também se acelera. Isso significa que suas manifestações ganham velocidade. Vocês já o perceberam nos últimos anos, mas agora chegamos a um ponto em que suas emissões obscuras se manifestam instantaneamente.

Isso acontece tanto com os discípulos da Luz quanto com aqueles que ainda não estão seguros da Presença Divina nem conscientes dela.

Aceitem suas criações sinceramente e testem a si próprios com atenção: "Quais pontos da minha transformação luminosa eu ainda não vejo com toda a clareza?" "Quantos medos e dúvidas ainda permanecem escondidos dentro de mim?" Esses medos agem de imediato e limitam as atividades de vocês. Essa limitação serve para o aprendizado da atenção: Vocês devem novamente focalizar sua forma luminosa, seu ser de luz — tal como fizeram até agora — e centrar-se, para transformar e dissolver com a luz azul-elétrico as emissões que, por assim dizer, apenas lançaram diante de si mesmos. Isso é perfeitamente válido, pois trata-se de energias que vocês mesmos criaram, e a luz azul-elétrico serve como um transformador, como um alterador da vibração. Chegou a hora em que vocês devem assumir a responsabilidade por suas emissões. Isso significa que precisam, assim que vocês as perceberem, transformá-las com a luz azul-elétrico. Estamos sempre lhes falando sobre a tapeçaria de energia mental, muito suja, que rodeia a Terra e que, em muitos lugares, se condensa cada vez mais. Eis a boa mensagem, meus amigos: o potencial de luz que agora flui para o planeta de vocês e para todas as unidades de consciência é tão elevado que pode atravessar a tapeçaria da corrompida energia mental. Isso não quer dizer que vocês devem abandonar o trabalho de iluminação da tapeçaria mental, mas é bom que saibam disso agora. De todo modo, deixem sempre bem claro, nos grupos com os quais meditam e no trabalho de elevação, que essa tapeçaria mental é uma manifestação de todos os elementais não-luminosos, de todos os pensamentos traduzidos em palavras, de todas as emoções da raça terrestre; que se trata, em todos os casos, de sua própria manifestação; e que cabe a vocês, portanto, o dever de dissolver essas energias. Este não é um dever das dimensões mais elevadas. Assim, em toda meditação pela Terra, continuem a iluminar a tapeçaria mental. Quanto ao aumento dos processos de limpeza da consciência de Gaia — vocês os descreveriam como erupções vulcânicas e terremotos —, eu gostaria de confirmar que as energias luminosas até hoje sempre ajustadas a esse processo de limpeza agora se recolheram por ordem do Pai; pois é necessário que Gaia siga por si mesma o caminho do processo de cura e comece a desenvolver, a seu próprio modo, essa transformação. Peço-lhes também que clarifiquem e purifiquem seus níveis emocionais e as áreas do seu corpo mental em que às vezes se manifestam formas que poderíamos chamar de "emoções mentais" — pensem nisso. Pois, quanto menos ressonância vocês produzirem aqui, mais livre estará a consciência de vocês e, assim, Gaia poderá se manifestar mais luminosamente!

Todos os seres que se encontram no local de uma dessas transformações eruptivas, naquele momento exato, em verdade escolheram isso para si mesmos. A real compreensão disso não significa que vocês devem fechar o coração, que não precisam mais orar por esses lugares ou que não devem mais se preocupar com a estabilidade da rede e de suas energias. Tudo isso continua a ser importante; mas vocês poderão fazê-lo, com mais liberdade e mais força quanto menos ressonância produzirem. É importante para o seu próprio sistema que vocês não se deixem cair no desespero e na piedade; aceitem e admitam que esses seres escolheram exatamente essa maneira e esse modo de elevação. Vocês não sabem por que eles decidiram assim! Saibam que todos os que alcançam a elevação nesses lugares, seja através de erupções vulcânicas ou terremotos, alcançam-na numa forma altamente energizada, pois a Terra, sempre que realiza essa transformação, está liberando imensa energia evolucionária. Com essas mudanças cria-se o novo, do ponto de vista da consciência planetária que é a Terra. Quando um ser escolhe trabalhar a elevação numa determinada região, ele vivencia muita confiança na evolução — claro que, geralmente, num nível inconsciente. É muito importante que vocês entendam isso e também esclareçam seus amigos, para que se fortaleça a elevação luminosa e não a doentia tapeçaria mental.

É bom e amoroso que vocês apóiem esses seres com suas preces e os ajudem em sua elevação, com a ajuda da energia do bem-amado Sanat Kumara; que coloquem à sua disposição a possibilidade da cura; que lhes dêem calor, amor e segurança. Muitas vezes esses seres não sabem, no momento da elevação, o que realmente acontece com eles; muitas vezes eles estão amarrados — o que é compreensível, aos olhos de vocês — a uma energia que não está centrada e na qual o corpo emocional simplesmente "explode" (permitam-me usar essa imagem energética). Por isso é importante que, após esses acontecimentos, vocês procurem energeticamente esses lugares e lhes enviem serenidade e paz. Enviem a essas regiões a amorosa cor rosa-pêssego e o fluxo luminoso da segurança de Sanat Kumara, e visualizem todos esses seres realizando sua elevação nos braços da Presença Divina, em absoluta paz, em leveza absoluta.

Eu, Vyvamos, tenho prazer em transmitir-lhes ensinamentos para apoiá-los no caminho e, por isso, ofereço-lhes agora um exercício para toda a problemática da qual falamos:

☆

Visualizem ante o olho interior o lago interior (muitos de vocês conhecem esse lago através de meus ensinamentos).

Simplesmente, deixem surgir a imagem de um lago calmo e maravilhoso, que lhes proporciona a maior serenidade possível. Vejam a si mesmos às margens desse lago. Como vocês sabem, encontra-se nesse lago a água da purificação, da clarificação e da cura de todas as emoções. Permitam que as águas do lago recebam a cor azul-elétrico da transformação, em freqüências luminosas. Serenos e centrados, entrem nas águas do lago. Vocês podem caminhar sobre essas águas divinas, que lentamente permeiam todo o seu sistema físico.

Percebam a purificação, o fortalecimento e a revivificação do seu sistema. Continuem através das águas até o meio do lago, onde o fundo sobe e se expande, lentamente, até que apenas seus tornozelos são banhados pelas águas curadoras. Vocês estão totalmente seguros e serenos, e se sentem purificados e centrados.

Façam agora o seguinte: coloquem o dedo indicador da mão direita sobre o pulso esquerdo e depois o dedo médio da mão direita sobre o terceiro olho. Tenham plena consciência de que vocês são mais do que um corpo físico, e se conscientizem da corrente de energia. Permitam que seu terceiro olho se abra, com muita suavidade e amor, e percebam suas emissões, as manifestações de emoções obscuras e também as emoções mentais. Permitam que elas surjam na área do lago, sob a forma que desejarem.

Centrados e focados, e sem nenhum julgamento, observem agora suas manifestações.

É então que se oferecem dois caminhos: descubram por si mesmos, meus amigos, qual é o correto para vocês! O primeiro caminho não será possível em todas as emissões. Por isso vocês devem decidir quais de suas manifestações poderão atravessar as águas desse lago interior para serem lavadas e purificadas. Elas se dissolverão em luz e serão absorvidas pelo seu ser sutil como puras moléculas de luz.

O outro caminho os ligará, através de seu 12º chakra, com a luz azul-elétrico que vocês conduzem com suavidade e amor pelos seus canais de luz até o terceiro olho. Com suavidade e amor, sim, mas com propósito, deixem então que a luz azul-elétrico flua do terceiro olho para as energias que vocês criaram, envolvendo-as com a luz azul-elétrico até que o puro núcleo luminoso se torne visível e vocês sejam capazes de retomar essa molécula de luz — pois cada emissão liberada nada mais é que uma molécula de luz —, para que ela possa ser absorvida pelo seu ser sutil.

☆

Com esse exercício, vocês podem dissolver emoções e manifestações, uma a uma, e também várias ao mesmo tempo, ou mesmo todas as que estiverem à sua frente. Expandam esse exercício até que tenham clarificado tudo o que existe no "ar" do seu lago interior, e repitam-no constantemente.

Espero que vocês entendam realmente o que provocam quando emitem emoções mentais ou emoções obscuras. É mais ou menos como se extraíssem a energia do seu ser luminoso, triturassem-na no seu "moinho interior" (como vocês mesmos dizem) e então despreocupadamente, enviassem essa manifestação para o mundo. Desse modo, suas manifestações continuam zumbindo em torno de seus universos pessoais, e muitas vezes se aglomeram até que algo acontece no nível externo. Então vocês dizem: "Mas isso não fui eu que manifestei!"

Claro que sim! Foram vocês que manifestaram isso! Entendam que os caminhos para o nível exterior são moldados através da aglomeração dessas energias, de maneira que esses acontecimentos passam a existir. É importante que vocês assumam a responsabilidade pelas suas energias. Transformando agora suas criações com o exercício acima descrito, vocês poderão reconduzir as energias luminosas para o seu corpo de luz. Isso também significa que cada um de vocês constrói constantemente o corpo de luz e, em certo sentido, nele se "expande" cada vez mais. Vejam, enquanto as "partezinhas" — permitam-me um pouco de humor — de um corpo de luz se espalham pelo mundo afora e grudam nos mais diferentes pontos, acontecimentos, paisagens ou mesmo outras pessoas, esse corpo de luz não está na sua plena forma luminosa. Ora, reconhecer sua forma luminosa e torná-la plena é a tarefa que vocês agora têm pela frente.

Espero que esse exercício lhes traga alegria. A mim ele trouxe muita alegria e eu ficarei feliz se puder perceber, cada vez mais, essas transformações luminosas nos campos mentais e emocionais de vocês.

☆

Amigos, eu sou Vyvamos e os abençôo.

☆

Nota: Segundo Vyvamos, os medos são emoções mentais, pois têm origem no campo mental. Sempre temos medo *de* alguma coisa. Quando o acontecimento se realiza, o medo se transforma em dor, tristeza ou outra emoção. Para dissolver os medos, sugiro que você personifique o seu medo e tenha uma conversa com essa "pessoa" (se possível, às margens do seu lago azul-elétrico). Aceite-a e aprenda com ela, pergunte-lhe o que você deveria dissolver (através da Integração de Rama ou das águas do lago, por exemplo). Assim, a força que está por trás desse medo poderá ser uma ajuda no seu caminho.

Vyvamos descreveu maravilhosamente esse processo no seu livro *AHA — Uma Enciclopédia para o Trabalho com a Luz*, transmitido por ele à minha bem-amada mestra Janet McClure.

Capítulo 33

Purificação das Cidades

Bênçãos e boas-vindas. Eu sou Rama.

☆

Queridos amigos, transmito-lhes as saudações de todo o Comando Ashtar.

Venho hoje até vocês porque nos parece importante indicar-lhes um novo método, que lhes será de grande ajuda para restaurar as energias e vibrações caóticas de comunidades, aldeias e cidades. O aumento das energias caóticas é evidente a todos vocês. Entendam que, através da elevada irradiação de altas freqüências elétricas, cada um de vocês pode agora ver e manifestar as obscuridades de seu próprio ser no seu campo de ressonância pessoal. Esse é um processo cuja intensidade aumenta constantemente. Por isso, nós os instruímos e sempre enfatizamos a importância, para vocês, de se protegerem contra as altas energias elétricas. Nas suas cidades, esses aglomerados de casas, surge — por causa da irradiação galáctica e também por causa dos muitos aparelhos elétricos e das energias confusas dos filhos estelares da Terra — uma espécie de

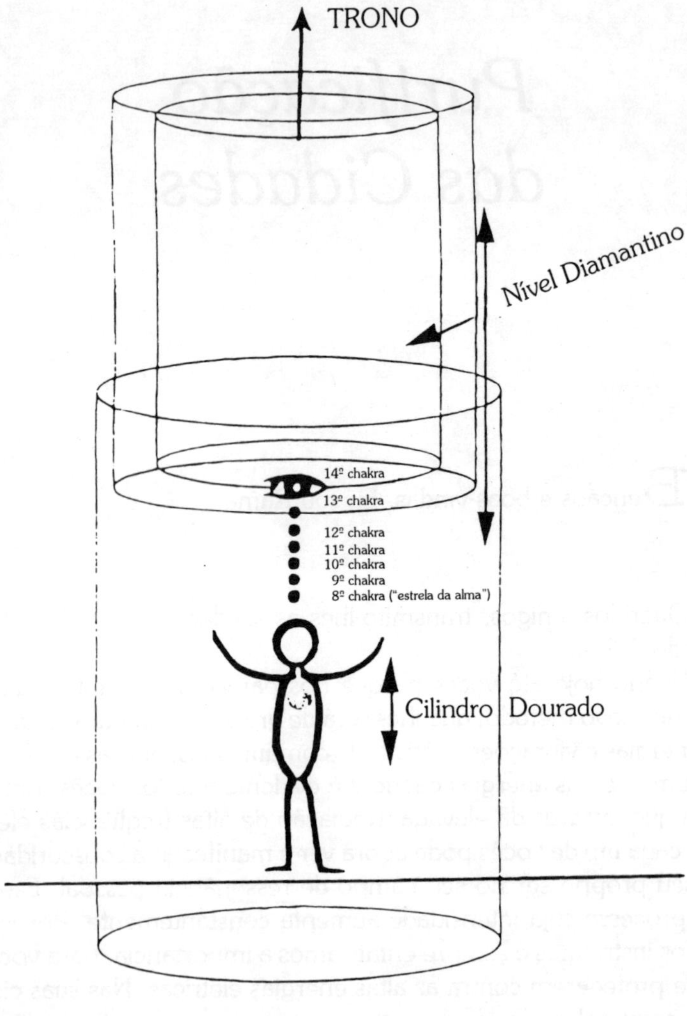
TRONO
Nível Diamantino
14º chakra
13º chakra
12º chakra
11º chakra
10º chakra
9º chakra
8º chakra ("estrela da alma")
Cilindro Dourado
Chakra da Raiz da Cidade

"eletronevoeiro" cósmico, se assim posso me expressar. Vocês, trabalhadores da Luz, neste momento estão preparados para fazer suas experiências no seu planeta. Pois bem, então experimentem como podem ajudar o planeta.

Tomemos como exemplo a cidade onde hoje nos detivemos.

☆

Eu agora peço a todos vocês para que conectem seu Eu Superior com o Eu Superior do grupo. (Se estiver fazendo este exercício sozinho, conecte-se através do seu Eu Superior com o seu Eu Galáctico.) Eleve sua consciência, sobre essa linha de energia, até seu 14º chakra. Ali se encontra seu "olho onividente" — o olho que tudo vê. Com seu 14º chakra, você pode perceber energeticamente tudo o que existe; é você, porém, quem determina o objetivo. Peço-lhe para construir, a partir de seus eus integrados, um 14º chakra integrado, um olho onividente integrado e, do alto, desse integrado, contemplar a cidade. Apenas contemplar, sem julgar. Pois tudo o que você perceber estará correto.

Por ser você quem conduz a energia e porque você assim o quer, peça ao nível diamantino — que é um nível de altas vibrações — que faça descer um cilindro de energia diamantina até o seu 14º chakra. Esse cilindro diamantino envolve um grande cilindro dourado, que você agora faz descer até o nível do chakra da raiz da sua cidade. Não pense; é certo que você alcançará esse nível. O cilindro é tão grande que a cidade toda cabe dentro dele, e ele alcança até o nível do chakra da raiz dessa cidade. Esse nível, como sempre, está bem no fundo, bem embaixo, e nessa cidade em particular ele está bem abaixo da superfície terrestre conhecida, assim como ela é formada. Sinta agora a energia do nível diamantino e perceba como ela começa a trabalhar, mais ou menos como um aspirador de pó, a partir do nível de seu 14º chakra. Todo esse "nevoeiro" energético, esse caos energético criado pelas emanações e experiências de todos os tempos e de tudo o que agora tem permissão para retornar à luz, é então absorvido pela força do nível diamantino. Observe, sinta, ouça, perceba como o cilindro diamantino trabalha, como um aspirador de pó, e recolhe todas essas energias e deixa que elas se dissolvam em luz nas dimensões luminosas — agora!

E então vá, com o cilindro dourado, para o nível do segundo chakra dessa cidade, onde se acumulam incontáveis energias impuras que têm a ver com o tema do segundo chakra — por exemplo, poder e abuso de poder, coerção e todo esse tipo de coisas —, mas não entre nele. Essas energias, que agora querem se dissolver nessa cidade, são "aspiradas" e erguidas pela força transformadora do nível diamantino, encontram seu caminho na luz e, em grandes altitudes, se dissolvem na própria luz — agora!

Deixe os tubos dourados subirem até o nível do plexo solar dessa cidade. E todas as energias que não estiverem em harmonia, todas as emissões, todas as manipulações que estiverem prontas para se dissolver na infinita luz da Fonte serão aspiradas pelo nível diamantino e elevadas às altitudes luminosas, também transformando-se em luz e amor. Deixe que isso aconteça agora, dando o impulso inicial através da concentração de suas forças mentais.

E então eleve o cilindro dourado até o nível do chakra do coração dessa cidade. Toda a dor, todo o desespero, toda a tristeza e todo o sofrimento que agora estiverem prontos para se dissolver e seguir o caminho da luz, tudo o que agora desejar renascer em liberdade, será aspirado pelo nível diamantino até o alto, muito, muito alto. E veja como todas essas energias se transformam em claras, brilhantes e alegres centelhas de luz e novamente penetram na luz infinita do Ser.

Aí o cilindro dourado alcança o nível das comunicações. Todas as emaranhadas linhas de comunicação dessa cidade, todo tipo de comunicação com emissões confusas e todas as formas-pensamento correlatas, são aspirados pelo nível diamantino e liberados na luz do Uno Universal.

E agora siga para o nível do terceiro olho. O caos mental dessa cidade se abre diante de você — e eu lhe peço, veja tudo o que você mesmo e os outros habitantes dessa cidade provocam através dos pensamentos. Cada pensamento isolado é força, cada pensamento assume uma forma, e todas essas concentrações que serão visíveis a você pesam naturalmente sobre todo o seu corpo energético. Por isso, deixe que o nível diamantino faça o seu trabalho, aspirando essas energias escuras — essa escura e suja tapeçaria de energia mental — e elevando-as cada vez mais alto, até que todas essas emanações se tornem cada vez mais claras e, finalmente, se dissolvam na luz do Uno Universal.

Deixe o cilindro dourado alcançar o nível do chakra da coroa dessa cidade e perceba, ao seu próprio modo, todas as energias que anseiam por retornar à luz; veja todas as almas que aprisionaram a si mesmas e que, no corpo de outros filhos estelares da Terra, aguardam pela libertação nas praças e monumentos dessa cidade. Suba, com o nível diamantino, até o nível do chakra da coroa. Contemple os grandes arcanjos dos Elohim, enviados e apoiados por Metatron, Melquisedeque e Miguel, assentando-se nesse cilindro do nível diamantino; veja como todas as almas que desejam penetrar na unidade luminosa são por eles recebidas e elevadas para que possam continuar seguindo o caminho de sua própria evolução. Veja como essas almas eternas são tomadas nos braços dos Elohim e, uma a uma, amorosamente elevadas para a luz.

E então deixe o cilindro dourado refluir para o cilindro diamantino, retornando à Fonte. Deixe que o cilindro diamantino se erga do seu olho onividente, o seu 14º chakra, e retorne à sua origem.

Do alto, do 14º olho, contemple sua cidade e nela veja a si mesmo na sua forma atual. Contemple seu corpo físico, mas veja também o seu ser sutil. Examine o sistema de seus chakras e perceba que tudo o que você fez pela sua cidade também purificou e libertou você. Olhe, sinta, ouça e perceba o frescor e a leveza que agora existem na sua cidade e no seu próprio ser.

Com esse conhecimento da sua crescente força co-criadora, saiam para a vida cotidiana, para o seu dia-a-dia. Fiquem atentos e despertos, cada vez mais conscientes de suas forças. E doem o amor do Uno Universal, através dos seus olhos físicos, para todos aqueles que estão com vocês nessa cidade.

Eu sou Rama e os abençôo com as saudações e o amor de todo o Comando Ashtar.

Capítulo 34

Dissolução da Desconfiança

Bênçãos e boas-vindas. Eu sou Rama.

Deste meu nível, gostaria de propor-lhes um exercício para que vocês possam dissolver a desconfiança de uma vez por todas. Pois somente quando tiverem realmente dissolvido a desconfiança dentro de si mesmos, quando seus corações estiverem livres de toda suspeita é que vocês estarão em condições de vibrar na energia que chamam de "verdadeiro amor" — nós também usamos essa expressão, pois ela já se movimenta na sua memória (mais adiante voltaremos ao assunto). O verdadeiro amor é a energia que agora deve ser alimentada por muitos níveis do Sol atrás dos sóis, o que ocorreu com a abertura dos portais em 5 de junho de 1993.

☆

Assim, nós pedimos a vocês que me acompanhem no exercício — agora. Eu digo "nós" porque nosso amigo Lenduce, de outro nível, também está presente com sua energia neste exercí-

cio — costumamos dizer que é um exercício do Sol Central. Criamos essa energia a partir de muitas capacidades conjuntas de memória, para obtermos o máximo efeito possível. Endireitem a coluna vertebral e criem, com uma única respiração direcionada, a ligação (a focalização de luz que é a sua verdadeira natureza) entre o Sol Central e o núcleo solar da Terra; usem o canal da medula espinhal como uma estação condutora, como um condutor, como um elo de ligação. Trabalhem sempre partindo do Sol Central para o núcleo solar da Terra.

A todos aqueles dentre vocês que ainda possam sentir certo "congestionamento" na região da medula espinhal diante da alta energia solar elétrica, exortamos a liberarem imediatamente essas barreiras através de, por exemplo, um exercício de desbloqueio — seja feito por você mesmo, com a luz azul-elétrico, seja pedindo um símbolo e o integrando. É de extrema importância que os canais da sua medula espinhal tornem-se enfim canais com um fluxo totalmente livre. Isso já lhes foi ensinado há muito tempo.

Com a respiração, entrem nessa conexão e se transformem em verdadeiros canais de cristalização dessa luz solar. Sintam como a energia solar pulsa através de todas as células do seu corpo denso; como sua vibração, sua vibração celular, se eleva; e como a luz do canal da medula espinhal se expande, fazendo com que vocês se encontrem num cone de energia solar — incluindo o corpo sutil. Acima de tudo, prestem atenção para que o corpo emocional seja bem iluminado com a energia solar, e também imaginem que tudo o que vibra mais baixo do que a energia solar, se eleva em luz solar, em amizade e compreensão, sem nenhuma resistência, de modo que também o corpo emocional possa alcançar uma vibração mais alta. O corpo emocional, sem dúvida, é o que apresenta a maior dificuldade vibracional em todo esse processo de elevação da Terra.

Muito bem, agora criaremos algo novo. Peço-lhes que visualizem, sobre o 12º chakra, um cone dourado com a ponta sobre

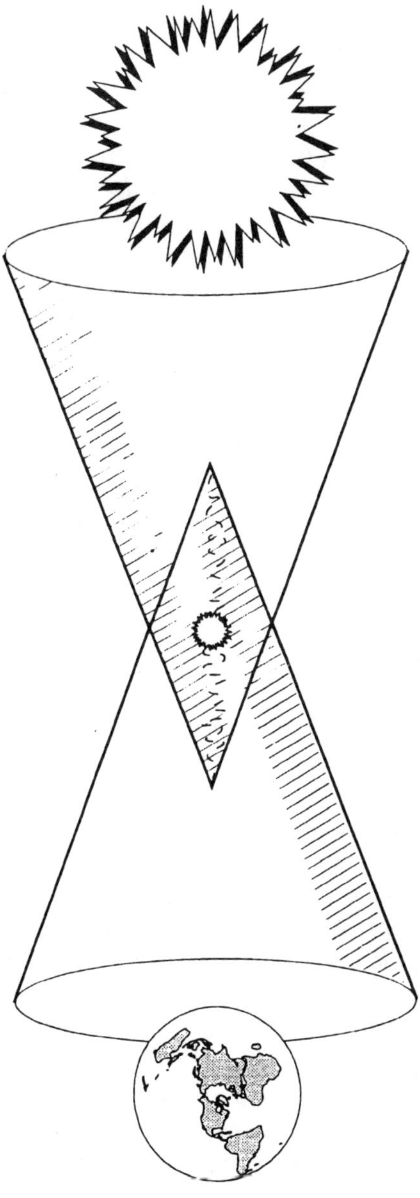

o chakra — um cone aberto, que é alimentado pela energia do Sol Central. Serenamente, dê a esse cone uma cor amarelo-solar e ouça, no mais íntimo do seu ser, o cantante tom original da energia solar que se manifesta nesse cone.

Vocês sentem de imediato a elevação, o fortalecimento da energia. Está tudo bem. Não julguem, simplesmente respirem e deixem o cone erguer-se sobre o seu 12º chakra. Pensem no chão debaixo da sola de seus pés. Façam as solas de seus pés ficarem em firme contato com o chão, com a terra na qual estão pisando, e visualizem Gaia, a Mãe de vocês, a unidade de consciência chamada "planeta Terra", fazendo surgir sobre o seu núcleo solar um cone solar semelhante, cuja ponta alcança o nível da sola de seus pés. Vocês vêem um cone erguer-se. Percebam a grande confiança, o grande amor, a alegria em todas as manifestações, vibrando junto com esse cone, e ou-

çam também o som do sol interior da Terra, da confiança original do planeta de vocês nesse cone. Muito bem.

E então, quando estiverem prontos, percebam novamente o cilindro no qual vocês se encontram. Peçam aos dois cones para que cresçam um sobre o outro. Usem o canal da espinha dorsal como linha condutora e juntem os cones na altura do seu centro do coração. Apenas sintam a energia, não julguem; vejam, percebam, ouçam, sintam como os cones se justapõem, como uma conversão de Antares mas sob a forma de cones, e como esse cone duplo, que agora surge no nível do seu chakra do coração, conquista espaço. Deixem que ele se torne tão grande quanto lhes for agradável. Neste ponto, vocês precisam praticar um pouco. Este é um exercício galáctico, não um exercício terreno.

Se tiverem a sensação de que estão se expandindo no nível do coração, isso é normal. Continuem. Apóiem essa sensação com a respiração e deixem que os cones continuem crescendo um sobre o outro, ganhando cada vez mais espaço. No início, talvez uma ponta do cone alcance o chakra do pescoço enquanto a outra chega mais ou menos abaixo do plexo solar. Muito bem.

Agora concentrem-se na energia do cone duplo sobre o nível do coração. Através de um ato de vontade consciente, pedimos agora que o nosso eu emocional e o nosso eu mental se "desenrolem" nesse cone duplo — num ritmo que, para vocês humanos, é bilionesimamente mais veloz do que todas as experiências das encarnações terrenas e similares que tenham a ver com a desconfiança. Visualizem as partículas escuras sendo aceleradas nesse cone duplo pela energia solar, aceleradas por tempo tão longo que toda a energia não-luminosa se transforma em energia luminosa; e percebam que, no ponto central desse cone duplo, flui de ponta a ponta uma verdadeira conexão cilíndrica, de luz clara. Concentrem toda a atenção nos fios de luz que surgem, crescem através da aceleração de energia e, finalmente, se unem de ponta a ponta do cone duplo.

Percebam a unificação de energia que agora está diante de vocês, sob a forma de um pequeno sol nascente no centro do seu cone duplo. Um pequeno sol galáctico, com brilho extremamente claro, encontra-se agora no seu cone duplo. Isso, meus amigos, é a primeira gota da essência do verdadeiro amor. Essa gota serve para a sua própria expansão e para que ajudem, enquanto unidades das raças estelares que para cá vieram, a si mesmos e ao desenvolvimento do planeta. Maravilhoso! E agora deixem que o cone do Sol Central e o núcleo solar se separem, com toda a suavidade; o cone terrestre volta ao núcleo solar da Terra, enquanto o cone solar atravessa o sistema de seus chakras e retorna às estrelas centrais. Conservem, porém, as minúsculas centelhas do novo sol galáctico — a verdadeira natureza de seus corações.

☆

Tenham consciência dessa energia; continuaremos trabalhando com essa forma de energia.

Meus amigos, é por isso que devemos repetir esse exercício com a maior freqüência possível e aumentar cada vez mais o cone duplo, até a abertura dos portais, para que vocês possam, cada vez mais — sempre muito atentos ao corpo físico — estabelecer todo o seu veículo corporal nesse cone duplo. Isso significa que o núcleo galáctico em vocês continuará se expandindo. Este é um exercício, uma orientação que cada um de vocês deve realizar segundo o seu próprio ritmo, embora sempre com a persistência dos discípulos da Luz que servem ao planeta e ao aumento da consciência coletiva terrena. Este é um exercício que vocês precisam realizar em si mesmos para que se torne possível a iluminação do planeta.

Camada por camada, como se o seu eu emocional fosse feito de diversas camadas, com este exercício vocês irão dissolver e remover todos os abusos, toda a desconfiança. É como se tivessem instalado em si mesmos um acelerador galáctico, um acelerador atômico, e agora levassem essas energias de volta à sua vibração original — que é o verdadeiro amor.

Na verdade, compreender isso é um tanto difícil para seus campos mentais. Nós entendemos o problema de vocês. Mas pedimos seu amor e sua confiança. Neste ponto, pede-se realmente um trabalho conjunto do seu eu emocional e do eu físico; o eu mental prefere esperar pelo que acontece, com amor e confiança, pois não consegue entender realmente esses processos.

Maravilhoso! Nós lhes agradecemos por nos terem seguido neste exercício, e lhes pedimos que o levem aos seus irmãos da luz, para que o maior número possível possa realizá-lo. É extremamente importante que isso ocorra antes da abertura do portal e que vocês preparem seu eu físico e emocional para as elevadas correntes luminosas que se realizarão nesse dia.

☆

Eu sou Rama. E com a luz e a alegria de toda a Frota, abraço vocês e também o nosso amigo Lenduce, que me usou como estação intermediária e cobriu vocês com sua energia solar. Ele sempre está presente, quando dele necessitarem.

Capítulo 35

O Perdão

Enquanto não tivermos perdoado a nós mesmos e aos outros, nossas energias continuarão bloqueadas. Com esses bloqueios em determinados temas, estaremos sempre atraindo experiências semelhantes para a nossa vida. Quando perdoamos, iluminamos a nossa energia e também os campos de energia do nosso planeta.

Em suas sessões individuais, Hilarion sempre chama a atenção de seus ouvintes para a importância e a força libertadora do perdão. Quero transmitir-lhes aqui o exercício que ele propõe, tal como ele me ensinou.

☆

Inspire e expire profundamente e centre a si mesmo e ao seu corpo, com a Cruz de Sirius ou outro exercício de centramento que lhe seja agradável. Visualize a esfera dourada do seu coração. Certifique-se de que ela está realmente com toda a clara radiância e brilho que ela deve ter. Caso contrário, use a imaginação: crie um "detergente" cósmico e dê um polimento na sua esfera dourada, obtendo todo o brilho possível.

Visualize um portal na sua brilhante esfera dourada e entre nela com uma única respiração; entre no seu espaço, na sua serenidade, no seu amor e na sua paz. Entre no espaço além de todo julgamento, onde existe apenas amor. Imagine que na sua esfera há uma janela e que você agora a abre. Peça ao ser que você quer perdoar para aparecer diante da sua esfera dourada, e aceite a forma ou o aspecto escolhido por esse ser. E então

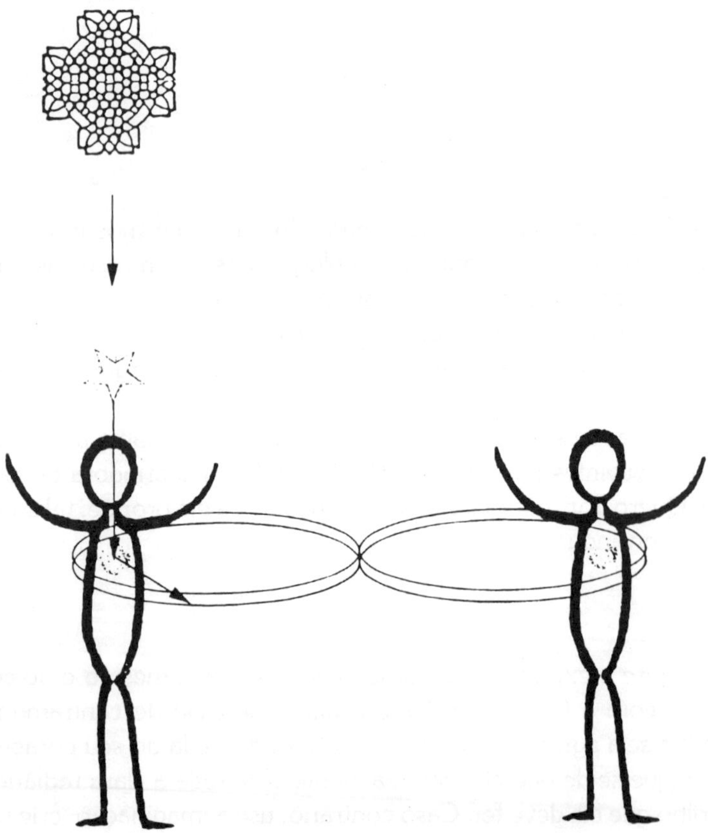

peça que o dourado raio curador flua para o seu chakra da coroa e preencha todo o espaço do seu coração com a luz dourada da cura e da paz. Respire a energia dourada, sob a forma da lemniscata (∞), para o outro. Visualize a esfera dourada, o núcleo de luz do outro, ligando-se à lemniscata, de modo que a esfera dele esteja num dos anéis da lemniscata enquanto a sua própria esfera dourada, o seu chakra do coração, fica no outro anel.

Respire a energia dourada de cura que flui continuamente a lemniscata, para a outra pessoa. Veja, sinta, ouça, perceba como ele recebe essa energia de cura. E então peça a Sanat Kumara o raio rosa-pêssego do perdão, permeie com ele seu coração e deixe o rosa-pêssego do perdão fluir para o outro. Veja, sinta, ouça, perceba como você, a cada respiração, pode perdoar cada vez mais. Deixe o rosa-pêssego fluir, até perceber o perdão em todos os níveis do seu ser. E então descarregue o rosa-pêssego pelo seu canal. Inspire a lemniscata, se ela agora corresponder à sua verdade, para dentro da sua esfera dourada; inspire o outro ser para dentro do seu coração, aceite-o no seu coração tal como ele é, sem nenhum julgamento, sinta que o compreende na sua singularidade e diga em voz alta: "Eu te perdôo."

Caso você ainda não esteja pronto para isso, repita o exercício em outro dia e negocie consigo mesmo a data em que você terá perdoado totalmente aquela pessoa. Preste muita atenção para evitar o perdão "da boca para fora". Se mesmo assim ainda não lhe for possível perdoar, confie o assunto ao seu Eu Superior e peça-lhe orientação sobre o que você pode fazer ou dissolver a fim de tornar possível o perdão.

E depois libere esse ser, expirando-o através da lemniscata. Expanda o "oito deitado" com a respiração, até poder libertar completamente essa pessoa. Perceba toda a sua própria energia e certifique-se de que a energia do outro deixou totalmente o seu sistema.

Agradeça pela luz dourada da cura e deixe-a ir. Agradeça também a Hilarion, a Sanat Kumara e ao raio rosa-pêssego do perdão, bem como a todos os mestres de todos os níveis, que conduziram você até aqui, e também a todas as forças luminosas que o apoiaram neste processo.

☆

Em geral, é muito importante perdoar os seres amados que partiram, pois nossas energias confusas impedem sua elevação aos mundos da Luz, enquanto nós próprios ficamos carregando o fardo das conexões bloqueadas. *Nesse caso, depois de perdoar, devemos expirar a lemniscata até que ela se dissolva por si mesma, e devemos visualizar essas almas elevando-se até o mundo da Luz.*

Depois de termos perdoado os outros, devemos também, e tão logo possível, perdoar a nós mesmos, que manifestamos essa experiência. *Visualizamo-nos diante da nossa esfera dourada e confiamos ao nosso eu emocional a imagem de nós mesmos nesse contexto. Depois de termos perdoado a nós mesmos, retornamos ao nosso coração e repousamos dentro da nossa esfera dourada.*

Com este exercício, também podemos perdoar determinados lugares, plantas, animais ou mesmo um grupo de seres com os quais tenhamos manifestado experiências dolorosas. Sempre formamos a lemniscata, fazendo seu anel oposto envolver todas as emanações que agora queremos perdoar.

Libertamo-nos e nos iluminamos, e também libertamos e iluminamos as energias bloqueadas dos outros. Através do perdão, abolimos a ilusão de separação e reconhecemos as centelhas de luz que habitam tudo o que existe. Alinhamos nossa consciência com a essência divina e nos distanciamos de todo julgamento. Com isso, expandimos o amor em nós e em todos os níveis.

Tudo o que existe tem uma centelha de luz! Todos os seres foram enviados pela Fonte para experimentar a si mesmos.

Capítulo 36

Reconciliação dos Elementos

O amor do Pai Uno Universal está com vocês. Eu sou Sanat Kumara. Sejam abençoados, e envolvam-se com a energia da verdade curadora que é a minha verdadeira natureza.

☆

Bem-amados discípulos da Luz, eu gostaria de convidá-los para uma viagem. Eu gostaria de pedir ao ser energético de vocês para elevar-se agora, e com amorosa leveza deixar seu ser físico e, tendo meu amoroso raio como condutor, tomar assento no Templo da Verdade Curadora, que é um dos sete templos do curador Kumara no planeta Vênus espiritual do mundo de vocês.

Batam, e a porta lhes será aberta. Entrem nesse Templo com o ser sutil de vocês. Ouçam o som da verdade curadora. Permitam que a cura penetre no seu ser sutil e ouçam atentamente os ensinamentos que agora lhes transmitirei. Enquanto Kumara e todos os seus auxiliares cuidam do seu ser sutil e observam o equilíbrio das energias, seu Eu Superior e seu sub-

consciente dedicam-se à preservação do seu sistema físico no planeta Terra, curando e conduzindo as energias sempre que vocês o permitirem. Livrem-se de toda e qualquer preocupação. Deixem seu espírito voar livremente e que a verdade curadora permeie todo o seu ser.

Todos vocês são — e sempre foram — filhos das estrelas, seres estelares enviados ao planeta Gaia com determinadas missões. Vindos de muitas diferentes famílias e níveis estelares, num dado momento do seu desenvolvimento e depois de suas freqüentes viagens através do Todo, vocês foram instruídos nos templos de Vênus a experimentarem os conhecimentos e as leis mais importantes para a vida em mundos de matéria densa. Esses conhecimentos foram codificados na consciência celular, como o código de luz do seu ser luminoso, a que a ciência dá o nome de DNA. Esse código de luz da consciência está ancorado em cada uma das células de todo ser vivo, seja uma pedra ou uma pessoa humana. Esse código de luz, que é puramente divino, foi alimentado e — se vocês assim o desejaram e permitiram — programado através de suas experiências nos sete templos de Vênus. Nos sete templos, pela primeira vez vocês ancoraram todo o seu saber estelar e todas as suas experiências, abrindo amorosamente suas unidades de consciência para que então lhes fosse possível mergulhar nos mundos de matéria densa, a fim de vivenciarem e experimentarem o milagre da criação do ser físico.

Discípulos da Luz, eu, Sanat Kumara, projeto agora o meu raio amoroso sobre seus DNAs, que contêm todos os programas evolucionários de toda vida em todos os mundos de matéria densa. E lhes restituo agora a luz e o saber de que vocês necessitam para voltarem a reconhecer, no seu próprio ser, sua posição e sua amorosa verdade. Permitam que a abertura dessa unidade de consciência no ser sutil de vocês ganhe agora um espaço renovado. Recebam a vibração do Templo da Amorosa Verdade em seu ser sutil. Permitam que o código de luz, o DNA, que não mais lhes é útil, agora se separe através do som dessa energia, para que a pura vibração, a pura essência, possa novamente envolver o seu ser etérico e tornar-se novamente a verdadeira luz no seu ser sutil.

E agora peço-lhes que me sigam até um templo no nosso nível, o Templo da Misericórdia e da Compaixão. Deixem-se levar para dentro desse nível instrutor; lembrem-se de que já foram instruídos aqui. Aqui vocês, em resposta ao seu pedido e através de toda a nossa manifestação, graças ao amor do espírito crístico que está presente em todo este Universo, recebem seu corpo emocional como um outro envoltório adicional, como uma outra roupagem sutil, que lhes torna possível, também no mundo físico, dar amor e receber amor.

Façam agora a troca; quando assim o desejarem, troquem a roupagem gasta do seu corpo emocional, há tanto tempo utilizado e que tão bem os serviu. Simplesmente imaginem que agora largam essa veste; que ela se purifica e se renova através da misericórdia e compaixão da presença conjunta dos Kumaras; e que a pura essência da misericórdia, o puro amor e a pura compaixão agora se renovam nessa veste, nessa maravilhosa roupagem divina. E deixem que esse corpo tão purificado se expanda, renovado, no seu ser sutil. Cheios da irradiação rosa-pêssego, da energia que eu represento, vocês estão assim em condições de olhar para trás e ver a longa linha de suas encarnações; e agora têm o poder de perceber muitos seres com os quais ainda não encontraram o equilíbrio harmonioso. Mantenham o foco aqui no nosso templo e irradiem sobre todos esses seres a energia do perdão e da compaixão. Agora vocês são a luz rosa-pêssego; deixem-na fluir para a sua própria vida e para todos esses seres; vejam como, vida após vida, ser após ser, se reconciliam e se iluminam; vejam como a paz e a compreensão amorosa ganham espaço em toda a vida de vocês. Aqui e agora, neste momento, vocês são parte da energia de Kumara, parte da minha energia. Agora, a verdadeira força se aproxima de vocês, pois este é o instante do poder de cura.

E então, a partir desse nível e conectados na energia que é a minha verdadeira natureza, percebam ao seu próprio modo cada uma das suas encarnações que vocês consideram carregadas de culpa; cada uma das encarnações em que mergulharam profundamente nos níveis materiais dos mundos; cada uma das encarnações em que vocês escolheram fazer as experiências do criminoso, absorvendo em si mesmos as experiências do sofrimento, do ódio, da inveja, da desconfiança e da traição. Percebam isso e se iluminem, perdoem a si mesmos, abandonem tudo isso, permitindo que a minha irradiação — a minha verdadeira natureza — flua realmente através de vocês. Este é o instante do poder amoroso, quando o perdão flui até o âmago mais profundo do seu ser.

Percebam, discípulos da Luz, que foi o amor de vocês que os preparou para essa experiência. Percebam que vocês tinham feito um acordo com cada uma de suas vítimas. Reconheçam que esses crimes muitas vezes lhes foram úteis para que pudessem transmitir experiências mútuas. E aceitem essas encarnações com amor, perdoando a si mesmos e abençoando essas experiências, para que a pura essência do Ser possa expandir-se, renovada, por todos os seus níveis.

E agora percebam a profundidade do seu orgulho ao escolherem o papel de vítima, quando declararam orgulhosamente serem uma vítima das circunstâncias, uma vítima dos poderosos, uma vítima da injustiça. Reconheçam como vocês estavam ansiosos pelo sofrimento. E percebam então que, deste nosso ponto de vista elevado, o sofrimento é um equívoco criado pelos seres dos mundos de matéria densa para melhor definirem a diferença entre o "+" e o "-". Agora, tomem consciência dos abismos de seus papéis de vítima; reconheçam a arrogância que deles faz parte; a falta de humildade que tantas vezes vivenciaram; o prazer que encontravam na dor. Tomem a luz rosa-pêssego e façam-na fluir para dentro e para fora dessas encarnações. Abençoem a si mesmos e às suas experiências, vejam, sintam, ouçam e percebam como essas experiências também se elevam, como vocês mesmos também as perdoam, como compreendem o seu próprio ser nos seus vários níveis, onde agora manifestam a verdadeira paz com essas experiências; no seu ser. Amorosamente, abençoem a si mesmos por terem concordado em fazer essas experiências. Enviem a luz rosa-pêssego. Enviem o perdão. E agora criem um ser livre nesses níveis de suas experiências. Perdoem a si mesmos e entrem no coração galáctico de vocês. Dêem a si mesmos a absolvição. Devolvam a paz a si mesmos e, ao fazê-lo, abram também os portais da paz para todos os seres de todos os mundos que vocês encontraram nos seus incontáveis caminhos. Reconheçam que a grande energia da cura neste Universo está sempre no amor; elevem a consciência, para agora compreenderem realmente que sempre foi o amor que fez se manifestarem todas as experiências, mesmo as dolorosas.

E então, bem-amados discípulos da Luz, filhos e filhas da Luz, eu lhes peço para que me acompanhem na busca do lugar central no seu planeta Vênus espiritual, onde nasceram todos os elementos, todos os mundos materiais.

Contemplem esse local, percebam-no como um quadrado luminoso, e voltem-se para a face que mostra o elemento água. Ali nascem todas as águas de todos os mundos de matéria densa. Reconheçam o abuso que vocês cometeram contra a água nas suas muitas vidas ou, por outro lado, o que vocês fizeram aos pequeninos elementais, os seres e as energias das águas. Pensem agora nas muitas vezes em que vocês se afogaram. Pensem nas muitas vezes em que poluíram a água por sede de poder. Reconheçam o relacionamento doloroso entre vocês e a pura essência curadora de todos os cursos d'água.

Tomem a luz rosa-pêssego e irradiem-na sobre as águas poluídas e abusadas que estão à frente de vocês e que representam a água de todas as suas vidas. Peçam perdão à curadora e amorosa força criadora das águas. Façam fluir a luz rosa-pêssego e percebam como a cura toca as águas.

E agora vejam como a luz rosa-pêssego flui da água até vocês, e como a água perdoa vocês e os liberta das experiências que fizeram com ela e que não foram úteis para o ser de vocês. Sintam como essa energia do perdão e da libertação se expande dentro de vocês, para que sejam capazes, cada vez mais, de perceber a pura, verdadeira e amorosa força criadora do elemento água. Consigam uma harmoniosa Unidade com a pura essência de todas as águas que existem — agora!

E então voltem-se para outra face do quadrado. Ali está o elemento fogo, o segundo elemento de todos os mundos de matéria densa. Percebam quão freqüentemente abusaram dos seres do fogo curador; quão freqüentemente se utilizaram do fogo para destruir e não para revivificar; quão freqüentemente alcançaram o domínio através do poder do fogo, afastando-o de sua missão original de purificar, de libertar e dar nova vida, e fazendo dele uma arma de destruição. Mas percebam também as incontáveis vezes em que, no entender de vocês, o fogo os feriu. Bem-amados filhos e filhas da Luz, façam fluir a luz rosa-pêssego do perdão para o elemento fogo. Vejam como as chamas divinas da revivificação de tudo o que existe recebem a energia do perdão e da libertação e se tornam mais claras e puras; vejam como a energia rosa-pêssego flui do fogo curador e retorna até vocês, perdoando e liberando todas as experiências não-luminosas de vocês com este elemento, com esta força doadora da vida. Vejam a pura essência divina da verdadeira e pura força ígnea. Percebam essa essência e sintam a Unidade com o fogo curador. Também esta é uma expressão da força da Shekinah, o Espírito da Mãe que envolve todos os mundos. Esta é a força da renovação de todos os mundos, que faz surgir a nova vida, e que agora ganha espaço dentro de vocês porque nossa Mãe Universal assim o permite.

E então, bem-amados filhos e filhas da Luz, voltem-se para o elemento ar, o claro e puro intelecto de todos os mundos físicos de matéria densa. Reconheçam o abuso dessas energias, permitido por vocês ou realizado por vocês em todos os sistemas durante a presença física de vocês nos planetas de matéria densa. E isso sobretudo através da construção de não-lumino-

sas máquinas separadoras em diversos mundos, pelas quais a harmonia original do fluxo espiritual foi fundamentalmente perturbada e interrompida. Com o abuso do ar, é claro que os seres desses mundos também paralisaram a ação de suas forças espirituais. Mas admitam que os elementos se defenderam poderosamente nos mundos físicos, com pleno direito, golpeando vocês e muitos outros seres com a mesma força destruidora que foram obrigados a suportar. Reconheçam os abusivos ataques mútuos que ocorreram.

E então deixem que a energia rosa-pêssego do perdão flua livremente. Peçam perdão ao ar pelos abusos que vocês permitiram ou cometeram. E vejam como os elementos do ar deixam fluir de volta até vocês a energia do perdão — o intercâmbio e a cura entre vocês e os elementos do ar agora se realizam e chegam até vocês, de modo que a verdadeira força espiritual, a essência etérica da abrangente consciência luminosa de todos os mundos que se materializou no elemento ar, agora ganha espaço ante o ser de vocês e permite que vocês sigam em paz e na Unidade com esta expressão do abrangente espírito criador.

Voltem-se para a quarta face do quadrado. Ali habita o elemento terra, a pedra, a matéria densa. Em todos os mundos de matéria densa, existe algo que é terra. Em muitos mundos de matéria densa, vocês já foram transformados. E nos tempos em que vocês, desde os níveis da consciência estelar, penetraram nos mundos de matéria densa... quão freqüentemente ali se lamentaram! Quão freqüentemente se afastaram desse ser físico e o julgaram baixo, vil e difícil, vendo-o como uma prisão. Quão freqüentemente ofenderam o chão em que pisavam, pois não conseguiam perceber que ele era um amor que se havia adensado para formar uma plataforma sobre a qual vocês podiam pôr os pés. Quão freqüentemente abusaram e ignoraram as dádivas e os elementos de todas as terras de todos os mundos, seja por não as amarem, seja por as terem mudado a tal ponto com os artificialismos que construíam que a divina força de cura da terra não as podia habitar mais. Quão freqüentemente permitiram, ou fizeram vocês mesmos, a separação dos componentes originais das terras, para filtrá-los e produzir venenos que são o oposto de toda vida, e que logo ganham vida própria, incansáveis e desdenhosos. Quão freqüentemente vocês permitiram que o ser físico de vocês — em todos os mundos, em certo sentido, e também na Terra! — fosse abusado ou vocês mesmos dele abusaram para obter domínio sobre os outros. Quão freqüentemente degradaram o seu ser físico em todos os mundos. Quão freqüentemente deixaram de acreditar no Divino que se manifesta no mundo material e que formou o ser físico de vocês a partir do elemento terra de cada nível. E com que freqüência, no entender de vocês, vocês sofreram por causa dos elementos da terra ou com a ajuda dela. Quantas e quantas vezes vocês foram soterrados, enterrados vivos ou emparedados, embora essas infrações das regras sejam um abuso do elemento terra!

E então deixem que a força rosa-pêssego do perdão se irradie e flua para todas essas experiências. Este é realmente o momento da energia de cura. Deixem que o amor divino, a amorosa pureza da luz rosa-pêssego, permeie agora todos os níveis dessas experiências. Vejam como o rosa-pêssego flui de vocês até o elemento terra, e como o rosa-pêssego flui do elemento terra até vocês. E reconheçam a força geradora e doadora da vida que é realmente a substância divina original, o amor divino desse elemento. E deixem que essa cura divina e essa certeza divina tomem assento no ser de vocês.

E agora retornem ao ponto central do quadrado luminoso. Ali está a força elétrica, a força que vocês chamam de energia etérica. Reconheçam o ser primordial da energia elétrica, que para sempre e em toda parte de todos os universos vem a existir. Reconheçam a força fecunda e direcionada dessa energia. E reconheçam também quão freqüentemente vocês a utilizaram para matar, para destruir, para mutilar a si mesmos e à sua consciência, e para causar sofrimento aos outros seres vivos. E percebam com que freqüência vocês mesmos, durante suas diversas encarnações em muitos e muitos níveis, foram feridos por esse elemento porque tinham uma ressonância desarmônica com essas energias, e em vocês reinavam a inquietude e a doença. Reconheçam os receios e medos da energia elétrica e de todas as forças de alta vibração, que abrem pontes de consciência e deixam a liberdade fluir por todos os seres em todos os níveis.

Também aqui, bem-amados filhos e filhas, utilizem a luz rosa-pêssego. Irradiem-na sobre a força elétrica. Vejam como a força elétrica a aceita e como o rosa-pêssego flui de volta até vocês, para que as experiências dolorosas do ser sutil de vocês possam ser eletricamente curadas e equilibradas. Reconheçam que essa é a energia das centelhas divinas, que representa a eletricidade original, e reconheçam que essa centelha divina, essa consciência divina, está em todas as células do ser de vocês em todos os níveis das experiências. E permitam agora a união, dentro de vocês mesmos, com essa energia elétrica divina e iniciatória, para que ela se torne a verdadeira luz em todos os níveis de suas encarnações, desde que encarnaram em mundos de matéria densa.

E então olhem para o atual corpo físico de vocês e enviem a energia rosa-pêssego do perdão ao ser físico de vocês nesta encarnação. Peçam perdão a esse corpo. Cada um de vocês sabe por quê.

E então deixem que o corpo emocional, agora claro e luminoso, deslize para baixo. Deixem-no descer e o coloquem, como um amoroso envoltório, em torno desse ser físico.

E depois o seu corpo mental, revivificado e clarificado pela emissão. Façam-no descer e o coloquem em volta do corpo emocional.

Agora vocês estão aqui em Vênus com o corpo espiritual. E esse corpo espiritual é o ponto de partida — se vocês assim o desejarem — para a criação de sua forma luminosa, o corpo de luz, o nível que desde as mais remotas eras é chamado de Merkabah, o veículo cristalino para a elevação e edificação de todos os seres físicos, para que se restaure a unificação com a consciência amorosa e abrangente que é o Senhor. Experimentem aqui o tamanho, a força luminosa, a sabedoria e a abrangente existência desse corpo de luz, o Merkabah, o corpo nas dimensões luminosas 6, 7, 8 e 9. Contemplem a si mesmos, é isso que vocês também são, esse é o caminho, essa é a meta de vocês!

Levem com vocês uma chave luminosa, um símbolo da luz, um código luminoso do seu Merkabah, e plantem-no nesse corpo espiritual, construindo uma ponte de ligação com o seu Merkabah, para que ele os desenvolva, passo a passo, e se desenvolva.

E agora voltem, com o corpo espiritual renovado, ao seu ser no planeta Terra. Coloquem esse corpo espiritual, com as novas centelhas de luz, em torno do seu ser e mais uma vez habitem plenamente o seu corpo físico.

Essa é a amorosa verdade. Essa é a luz amorosa. É bondade e sabedoria. Aceitem essa energia no ser de vocês.

☆

Eu sou Sanat Kumara. E com a amorosa força de todos os Kumaras, eu os abençôo e protejo. Bênçãos.

Capítulo 37

A Manifestação da Alegria

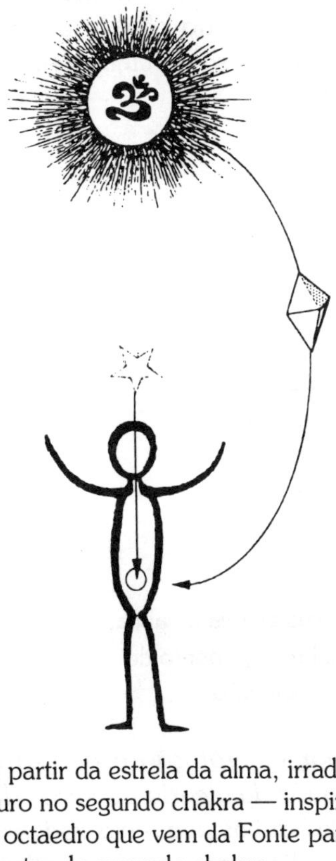

A partir da estrela da alma, irradie ouro no segundo chakra — inspire o octaedro que vem da Fonte para dentro do segundo chakra

Ao final da minha viagem iniciática à Bretanha, recebi um exercício que nos ajuda a criar alegria em qualquer momento da nossa vida.

☆

Centre-se e relaxe. Com a consciência, vá até a região do segundo chakra. Conecte-se com seu Eu Superior e peça para que o raio dourado da cura flua através do seu segundo chakra, enquanto você recebe o raio dourado sobre o chakra da coroa e o alimenta no segundo chakra através do canal de seus chakras. Veja, imagine como o raio dourado da cura lava e remove todos os equívocos do seu segundo chakra; veja como o seu segundo chakra brilha, totalmente livre, na luz dourada.

Visualize um octaedro, uma pirâmide dupla, saindo da Fonte de todos os seres e vindo até você em pura e luminosa alegria; e inspire esse octaedro, através do seu corpo sutil, para dentro do seu segundo chakra. Sinta, perceba, ouça o som galáctico, a freqüência cósmica da alegria "cantarolando" no seu segundo chakra.

Através do Eu Superior, traga a luz branco-dourada da sua estrela da alma para dentro do seu segundo chakra e forme com esse raio de luz uma lemniscata (∞), sobre cujo ponto de interseção repousa o octaedro da alegria.

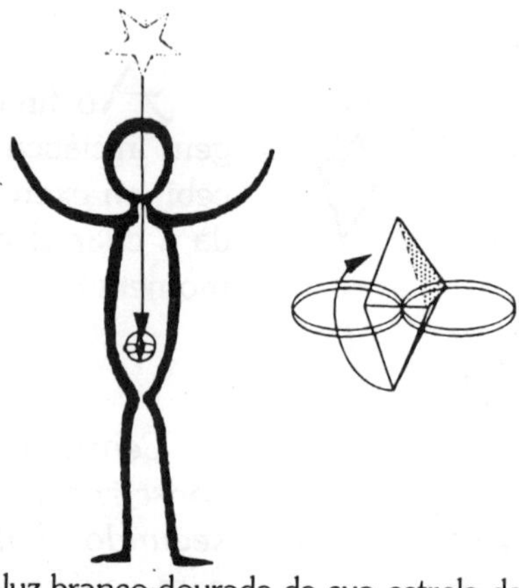

Com a luz branco-dourada da sua estrela da alma, forme uma lemniscata (∞) sobre cujo ponto de interseção apóia-se o octaedro

Com a respiração, comece a pôr em rotação o octaedro. Quanto mais rápido ele girar, mais a luz da alegria irá jorrar das pontas da pirâmide. (Eu sempre vejo aqui as pequenas rodas de fogo da festa de São Silvestre.) Focalize essa luz da alegria e

expire o raio luminoso pela parte de trás do seu chakra; faça-o subir desde a parte de trás do seu corpo até a sua coroa, e depois pela frente, subindo sempre, atravessando sua estrela da alma e chegando até o seu 12º chakra. Reconduza o raio energético da alegria para o lado de trás, com a ajuda da respiração e da consciência, passando sobre o seu 12º chakra e novamente em direção à coroa. Cruze a pista luminosa da alegria sobre o seu chakra da coroa e inspire a energia, pela parte frontal inferior do seu corpo, para dentro do seu segundo chakra. Agora você formou, com a energia luminosa da alegria, um "oito" que envolve o seu corpo sutil.

Girar o octaedro, expirar a luz na parte de trás do corpo e formar um "oito" cujo ponto de interseção apóia-se sobre o chakra da coroa

Siga a energia com a sua respiração e sinta, perceba como a alegria preenche todo o seu ser. "Brinque" com o oito, enquanto transfere o ponto de interseção para o seu terceiro olho, a fim de permear o seu campo mental com a alegria; ou o transfere para o coração, a fim de preenchê-lo com alegria; ou para o seu plexo solar — atravessando o seu corpo emocional. Quando o fluxo de energia é muito bom, você pode visualizar o anel inferior do oito expandindo-se, até bem abaixo do seu chakra da raiz, bem dentro da terra, enchendo assim a terra de alegria.

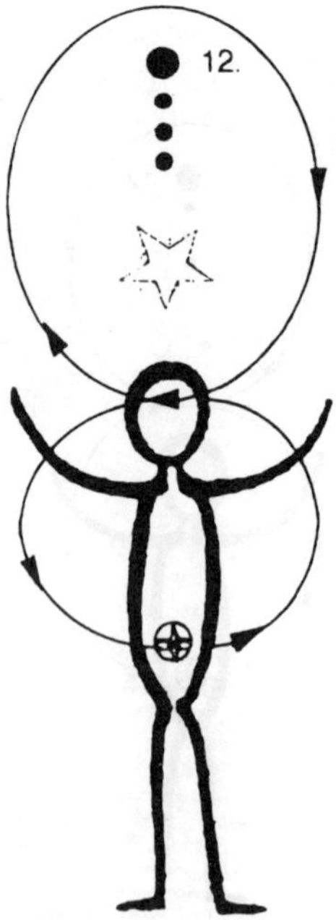

Ponto de interseção sobre o terceiro olho — alegria para o campo mental

Ponto de interseção sobre
o chakra do coração —
alegria para o coração

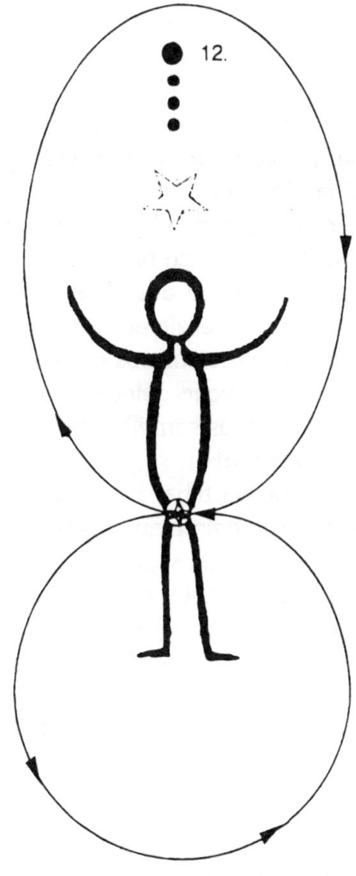

Ponto de interseção sobre
o chakra da raiz —
alegria para a Mãe Terra

Saboreie essa plenitude de alegria em si e em todos os seus corpos e, quando estiver suficientemente cheio, dissolva essas linhas de energia. Agradeça a si mesmo por todas as energias e agradeça ao seu Eu Superior por tê-lo orientado neste exercício.

Se assim o desejar, você pode manter o octaedro no seu segundo chakra — na próxima vez que praticar este exercício, poderá pôr o octaedro de imediato em movimento, para mais rapidamente permear seu sistema com a energia da alegria. Mas é claro que também você poderá sempre criar este exercício desde o início.

Quando o seu "oito" tem um fluxo perceptivelmente bom, você também poderá expandir o anel transpessoal do oito e nele colocar seus filhos ou seu parceiro. A energia da alegria está à sua livre disposição, e cabe aos seus semelhantes escolherem se querem absorver essa energia em seus sistemas. Assim, alinhe a sua consciência para permitir aos outros a livre escolha; apenas coloque a alegria à disposição deles — e mantenha-se atento para não ficar submetendo seus semelhantes, custe o que custar, a um "bombardeio" de alegria!

Para compartilhar nossa alegria com nossos irmãos animais e vegetais deste belo planeta, sugiro que você expanda o anel pessoal do "oito" — ou seja, o anel inferior — até colocar nele o seu jardim, por exemplo. A alegria é uma força criadora e nutridora, e nossas plantas nos agradecem por essa dádiva energética mostrando crescimento e saúde. Com nossa disponibilidade, agradecemos ao mundo vegetal pelo alimento e beleza com que nos presenteiam e, aos animais, pela lealdade e amizade com que nos servem.

Capítulo 38

Intensificação da Freqüência

Bênçãos e boas-vindas. Eu sou Lenduce, do Conselho do Sol Central.

Ouçam, meus bem-amados: como já foram informados por outros seres, neste momento a freqüência elétrica se intensifica no planeta Terra. Essa intensificação da energia elétrica tem a ver com a passagem pelo Portal Estelar que foi escolhida por muitos e muitos filhos estelares da Terra para irem até o planeta Gaia. Mas é importante que vocês mesmos aumentem as freqüências elétricas em seus corpos de matéria densa, de modo que o influxo intensificado desse tipo especial de energia os estimule no seu crescimento e os apóie no processo de iluminação. É importante que essa energia não vá de encontro a bloqueios — isso poderia causar-lhes problemas devido aos seus programas de aprendizado. Assim, hoje eu gostaria de transmitir-lhes um exercício que deve ajudá-los a elevar as freqüências elétricas do ser de vocês.

☆

Peço-lhes, portanto, que respirem profundamente algumas

vezes e alcancem o centramento com a Cruz de Sirius — agora! Em seguida, utilizando a respiração como apoio, elevem a consciência até o nível do seu 14º chakra. A partir do cósmico olho onividente — que é também o 14º chakra — e vejam a si próprios em seu ser de matéria densa e também em seu ser sutil. Permitam o surgimento de um símbolo da forma densa e da forma energética. Para aqueles de vocês que já trabalharam muito com a forma do ovo ou com a imagem da cebola, isso é maravilhoso. Absorvam essa imagem das diferentes camadas de energia, tal como sempre a perceberam, pois ela está correta. Dêem a si mesmos a permissão e a liberdade de ver a imagem do ser energético de vocês — agora!

Com o olho cósmico que tudo vê, vocês poderão penetrar nas diferentes camadas do ser de vocês, como se elas fossem véus, como se fossem os diferentes corpos de diferentes massas em rápida vibração; tal como sempre, o que vocês agora vêem está correto. Permaneçam no nível do 14º chakra e, com o olho onividente, permeiem de fora para dentro todo o seu corpo, mais ou menos como se o "tateassem", como se fizessem uma completa "varredura" eletrônica nele. Enquanto isso, aqui e ali a atenção de vocês é atraída para oclusões no ser energético, bem como no corpo de matéria densa; agora que são criadores e fazem este exercício, vocês percebem essas oclusões como escuros bloqueios energéticos — como sempre imaginaram. Continuem a "varredura", tateando ponto por ponto, percorrendo todo o seu corpo. Atravessem o corpo causal e percebam onde estão essas energias; atravessem seu corpo mental, simplesmente percebendo onde estão essas energias; atravessem o corpo emocional, aqui também apenas percebendo onde estão essas energias. E, agora, atravessem a estreita camada do corpo energético e tateiem o ser de matéria densa de vocês; percebam em que lugar dele estão os bloqueios de energia. Penetrem até o âmago mais profundo, até a mais profunda célula do seu ser de matéria densa. Muito bem.

A partir do nível do 14º chakra, o olho onividente que lhes foi dado pelo mais alto nível, imaginem que desse nível descem pinças energéticas (ou cordas, caniços, samburás ou redes de pegar borboleta) que coletam todas essas manifestações energéticas, todas ao mesmo tempo, de modo que ficam todas elas ligadas ao 14º chakra. São muitas linhas, muitos níveis que correm por aqui — como naquele antigo jogo dos parques de diversão, em que a gente puxava uma linha do feixe e, se tivesse sorte, nela vinha amarrado um prêmio. E todas essas linhas vocês mantêm no nível do 14º chakra, umas ao lado das outras. Na verdade, nesse jogo vocês ganharão um grande prêmio.

E agora, a partir do nível do 14º chakra, elevem seu ser e o direcionem para o sol atrás dos sóis, o Sol Central original de todos os seres, e permitam que um cilindro com a energia do Sol Central flua até o nível do 14º chakra. Esse cilindro, que reflete os sons do Sol Central, desce e se aprofunda cada vez mais no ser galáctico, de vocês, até o nível do 14º chakra — agora. Muito bem, e então peçam por uma conexão com o nível da grande clareza e da vibração em alta freqüência, que é o chamado nível diamantino; e vejam como uma fina corrente de luz — como um filete de limpidez cristalina, de limpidez diamantina e com alta vibração elétrica — desce até o interior do cilindro solar e se ancora no 14º chakra (usando uma imagem cotidiana do mundo de vocês, seria como o tubo de um aspirador de pó). Coloquem todas as suas "linhas de pesca", todas as suas linhas de conexão nesse "tubo" cósmico. Sintam, vejam e percebam, em todos os níveis, como todas essas energias equivocadas são sugadas de todo o seu ser pela clara e alta freqüência vibracional do nível diamantino e depois levadas ao cilindro de diamante, onde surgem em luz irradiante para se tornarem claras no ser terreno e galáctico de vocês.

Através da força mental, vocês podem deixar essa claridade, essa alta freqüência vibracional que existe no nível diamantino, fluir sob a forma de gotas, gotas individuais, até o canal transpessoal. Vejam como, gota a gota, elas correm através do canal transpessoal até o canal pessoal, na medula espi-

nhal do ser de vocês. Vejam como as células da medula espinhal absorvem essas gotas de energia diamantina; vejam como, a partir dessas células, a energia diamantina de alta freqüência é transportada, através das veias e artérias, a todos os níveis do corpo físico; vejam como se eleva a freqüência elétrica do sangue que sai do canal da medula espinhal; vejam como a diamantina mensagem galáctica da alta vibração penetra na consciência de cada uma das células. Talvez vocês percebam que a rotação das células se transformou através desse influxo. Isso é bom, está correto.

E agora fechem o influxo de gotas diamantinas e deixem o filete diamantino retornar ao nível da luz diamantina. Deixem que o cilindro com a energia do Sol Central se expanda e desça sobre todo o seu ser, tanto o de matéria densa quanto o de matéria sutil, até alcançar os chakras dos pés, e ir ainda mais fundo, chegando até as redes do planeta. Também as redes do planeta irão elevar sua freqüência. Nos lugares onde elas são instáveis, porque não vibram em harmonia, surgirão rupturas. Cada um de vocês — águias que têm por missão observar as redes energéticas do planeta — deve trabalhar com grande atenção nos pontos dessa rede e, nesses lugares, sempre armazenar a energia do Sol Central! E aqueles dentre vocês que não têm nenhuma missão especial, vejam como a luz do Sol Central flui através de vocês e, de vocês enquanto canais divinos, flui para as redes da Terra; e vejam como a vibração, o amor e a infinita unidade do Sol Central, que são agora a sua mensagem, além de todo o saber de vocês e além de todo julgamento, penetram nas redes deste maravilhoso ser estelar chamado Gaia, o planeta Terra. A partir do nível do seu 14º chakra, deixem fluir para as redes o restante do cilindro solar e desfaçam a conexão com o Sol Central.

Mais uma vez contemplem o ser energético e o ser de matéria densa de vocês, percorram mais uma vez todo o seu corpo, e sintam-se cheios de amor e alegria com a transformação e in-

tensificação vibracional que ocorreu, pois vocês a permitiram. Respirem profundamente e retornem à esfera dourada no centro do coração — ele, vocês sabem, é um sol galáctico.

☆

Neste ponto, eu gostaria de repetir que o exercício do cone do verdadeiro amor e a criação da estrela galáctica no seu âmago continua sendo de grande importância — e que vocês deveriam esforçar-se e praticá-lo mais um pouco, serenamente!

É tão maravilhoso quando vocês irradiam cada vez mais leveza e luz. Muito bem. É importante, compreendam, bem-amados amigos da Luz, nesta época em que as freqüências são elevadas e todos os seres reagem de maneira diferente à elevação da freqüência — cada um conforme a condição dos seus padrões!

É por essa razão que tantos de vocês agora preferem enfrentar aquilo que chamam de "crise" — eu diria, antes, uma crise de cura. Essas crises que vocês aqui manifestam são a resposta à elevação da freqüência do planeta. Assim, é importante que vocês estejam sempre conscientes do âmago galáctico, o centro do ser de vocês, e que expandam esse núcleo galáctico nas épocas de crises agudas de cura, para que a luz galáctica do seu ser se irradie e um grande sol galáctico energético os envolva. Isso é importante aqui no planeta Terra. Quando estão nessa energia — logo, neste exercício — vocês se ocupam com a cura do seu ser e se libertam das dificuldades pessoais, das crises pessoais, dos equívocos pessoais; é claro que tudo isso, por causa das altas freqüências vibracionais, fica muito mais nítido à luz do dia... ou, melhor dizendo, à luz do sol.

☆

Muito bem. Eu sou Lenduce e os abençôo a todos com a força do Sol Central.

Capítulo 39

Fé, Louvor e Manifestação

Sejam bem-vindos e abençoados, amados amigos. Eu sou Hilarion. Que dia maravilhoso! Alinhar a consciência é sempre importante, bem-amados discípulos da Luz.

☆

Reconheçam tudo o que está fora de vocês mesmos como um espelho, como uma réplica, como um símbolo daquilo que vocês podem experimentar e aprender, mas também como uma indicação do que já foi alcançado. Vocês devem louvar todos os seres, e o mundo espiritual os acompanha nessa louvação. Louvar e abençoar são atitudes muito importantes, pois alinham as forças mentais com a manifestação do bem, do amor e da abundância divina.

E é melhor louvar, louvar muito, louvar muitíssimo, do que abandonar-se às constantes preocupações ou viver criticando a si mesmo e aos outros. Nesta época em que a vibração se elevou tanto, todos vocês descobriram em diferentes níveis a rapidez com que as manifestações se tornam realidade — mesmo aquelas que vocês não planejaram de modo bem explícito, se posso assim me expressar. O mesmo ocorre com o vício da crítica, que muitos filhos estelares da Terra ainda cultivam com tanto empenho que a crítica se manifesta de imediato.

O julgamento sempre leva à constrição. Os seres que se dedicam freqüentemente à crítica — sempre encontrando defeitos seja em si mesmos ou nos outros — pagam por essa atitude com uma constrição do seu sistema no nível físico e no nível sutil; portanto, pagam com a constrição final do canal que ininterruptamente os abastece com a plenitude da amorosa Presença Universal. Aquilo que dificulta a Presença do Eu não há de ser benéfico para vocês! Pensem nisso. A cura definitiva do vício da crítica é prometida pelo louvor e pela bênção. Pensem nisso, eu lhes peço, em todos os seus caminhos. Louvem tudo o que os seus olhos e o seu coração virem, seja um salpico de tinta numa casa velha ou uma florzinha singela que desabrocha no prado. Tudo o que os enche de alegria, sempre que encontrarem a beleza, mesmo que em pequenas coisas — abençoem, louvem, toquem, saúdem a essência divina que se manifesta em todas as coisas que os rodeiam.

E sobretudo, meus bem-amados, louvem a si mesmos! Um bom método (minha filha o desenvolveu) é dar palmadinhas de aprovação no próprio ombro. Quanto mais freqüentemente vocês fizerem isso, e seus amigos e amigas os observarem, tanto mais depressa se tornará um hábito do grupo demonstrar aprovação mútua. Bem, talvez vocês achem divertido, mas, quando dizem a si mesmos: "Eu me louvo por isso!" e dão uma palmadinha de aprovação no próprio ombro, esse louvor se ancora no seu corpo e suas energias físicas alcançam uma vibração elevada bem mais rapidamente do que se vocês fizessem uma simples emissão mental: "Ótimo, eu me louvo por isso!"

☆

Eu me louvo por isso, e me abençôo por isso, eu sou filho do Pai Uno Universal e digno de ser amado, e eu sei que o seu amor abrangente está sempre

comigo. Em tudo o que eu faço, em tudo o que eu sinto, em tudo o que eu penso, em tudo o que eu lido — não posso nunca ser separado do amor do Pai. E por ser assim, eu me reconheço como o filho, digno de amor, da Criação Universal.

☆

Eu gostaria que vocês trabalhassem um pouco com esse mantra, porque ele os ajuda a elevar o sistema energético. É muito importante que vocês ajudem a si próprios. Pois na verdade os pensamentos (e já falamos muito a respeito) têm uma força bem real; deixem que eu me expresse de modo dramático: "Os pensamentos, na realidade, são usinas atômicas." Expressando-me assim, eu desperto a consciência de vocês, não é? Quando vocês constantemente abrigam pensamentos não-luminosos ou os chamados pensamentos "carregados", irão criar em algum momento aquilo que no sistema de vocês é conhecido como "reação em cadeia", levando seguramente à explosão.

Por outro lado, vocês podem abrigar pensamentos luminosos e fazer com que a força luminosa que existe nos átomos do ser de vocês aumente constantemente. Vocês podem, e isso eu digo do fundo do coração, tornar-se uma brilhante centelha de luz — na verdade, o que sempre foram, sempre são e sempre serão — e cada vez mais ancorar essa força luminosa, essa força co-criadora, no seu ser do dia-a-dia. Bem, talvez alguns de vocês perguntem: "E como é que eu controlo meus pensamentos? Como posso lidar com eles, para não estar sempre caindo de volta nos velhos trilhos?" Ora, faz parte do aprendizado de um discípulo da Luz lidar atentamente com as energias que ele produz — pois são vocês mesmos que produzem as energias, não é?, tanto as luminosas quanto as não-luminosas, ninguém mais a não ser vocês! Espero que isso esteja bem claro. Como se fossem observadores, vocês precisam até certo ponto permanecer ao lado de si mesmos, sentar-se nos próprios ombros, morar nas próprias orelhas. Façam-o com bom humor, da melhor maneira que puderem. Ouçam com os ouvidos aguçados — como o "ponto" no alçapão do teatro — aquilo que estão pensando, aquilo que estão dizendo. E quando se derem conta de que estão "disparando" algo ruim ou uma flecha mental que não serve à elevação do potencial luminoso, preparem um laço, um laço energético, e capturem esses pensamentos ou essas palavras — isso fará com que eles parem. Se o fluxo mental for extensivo, talvez o laço não consiga capturá-lo; será mais seguro dissolvê-lo com o raio de luz azul-elétrico.

Não percam o bom humor; o aprendizado deve ser gostoso e lúdico, porque só assim vocês adquirem o verdadeiro domínio sobre seus atos. E esse domínio... bem, podemos ensiná-lo a vocês, podemos dar-lhes apoio; mas quanto aos atos, queridos amigos, vocês mesmos precisam dar um jeito de trazê-los à vida.

A segunda força importante em toda manifestação — e muito necessária nos dias de hoje — é a força da fé. Não podemos produzir a fé simplesmente com a vontade. Por exemplo, a pessoa está morrendo de dor e repetindo: "Eu acredito, eu acredito, eu acredito que o martelo *não* caiu em cima do dedão do meu pé!" Entenderam? O martelo caiu, o dedo dói, e isso não pode ser desfeito! No entanto, a repetição constante de frases e afirmações luminosas sobre a Presença do Eu dentro de vocês é capaz de dissolver, lentamente, pouco a pouco, a desconfiança de vocês quanto à força do Eu e sua força co-criadora. Por isso é muito, muito importante que vocês prestem atenção e reexaminem até que ponto ainda mantêm os velhos padrões dentro de si, aqueles padrões que lhes murmuram sem cessar: "Eu não sou digno de ser co-criador, eu ainda não mereço a luz e o amor da minha alma, do meu Eu Superior e da minha Presença do Eu!" Se vocês ainda têm programas desse tipo, é claro que irão manifestar apenas uma chama minguada, embora luminosa. Aquilo que continua a fazê-los sofrer, vocês devem arrancar da vida de vocês com grande força e perseverança. É muito importante que trabalhem em si mesmos, e eu gostaria que agora o fizéssemos juntos. De acordo?

Feche os olhos — nós agora pediremos algo diferente ao seu campo mental. Respire com plena consciência no seu campo mental, no seu corpo mental; isso quer dizer que você provavelmente não vê nenhuma imagem. O acesso ao corpo mental é o terceiro olho. Com suavidade e amor, abra o terceiro olho e mova a sua consciência para dentro do seu corpo mental. (Eu gostaria que você visse este exercício como uma atividade divertida — cada dia tem seus momentos alegres.) Bem, agora imagine uma bexiga (daquelas de festas infantis) no seu corpo mental. E imagine que você está enchendo essa bexiga, soprando para dentro dela todos os programas que existem dentro de você. Você não precisa "ver" nenhuma imagem. E agora eu lhe direi algumas frases negativas; aquelas que forem mais significativas para você — e isso você tem de sentir, perceber! — você simplesmente sopra para dentro da bexiga. Bem, vou começar:

- *Eu não sou digno de ser co-criador.*

Se essa frase lhe diz alguma coisa, assopre-a para dentro da bexiga.

- *Eu não mereço que o amor e a sabedoria de Deus se realizem através de mim e do meu ser terreno.*
- *Pequei demais e agora o amor de Deus não flui mais até mim.*
- *Eu me sobrecarreguei com tanta culpa que a força do Eu não pode mais atuar através de mim, e não sou um membro valioso dentre os discípulos da Luz.*
- *Eu sou indigno e incapaz, e nunca manifestarei uma elevação luminosa e amorosa neste corpo e neste mundo.*
- *Minhas forças físicas e espirituais não são suficientes para manifestar uma elevação luminosa.*

Coloque dentro da bexiga todas as frases que lhe forem significativas.

- *Meu ego é grande demais, é importante demais para servir à sociedade.*
- *O trabalho comunitário não tem o menor sentido.*
- *Os esforços comunitários para alcançar uma elevação pacífica levam à morte, à destruição do meu ser.*

Esses são programas que muitos de vocês trouxeram de Lira.

- *Uma nova tentativa de elevação leva a uma implosão ou explosão e, com isso, à aniquilação da vida.*

Esse é um programa de Sirius!

Muito bem. Acho que agora a bexiga já está bem inflada. Eu posso lhe dizer que, vista de cima, ela parece bem engraçada. Que linda bexiga surgiu do seu corpo mental! Coloque dentro dela todo o conteúdo do seu corpo mental que você deseja dissolver, assopre até enchê-la bem e imagine que consegue fechá-la hermeticamente. Com suas mãos de luz, suas mãos espirituais, tire a bexiga de dentro do seu campo espiritual, do seu corpo espiritual, e coloque-a à sua frente. Conscientize-se da energia branco-dourada do Criador eterno de todos os seres, e inspire essa energia em suas mãos. Diga a si mesmo:

Eu sou um filho da Luz...

Quero ouvir você dizendo isso bem alto.

... e através de mim flui agora a força criadora e amorosa do Filho. E por isso agora dissolvo, em nome da força do meu Eu, todas estas energias.

E então abra a bexiga, deixe sair o ar, sempre com alegria, expire e veja como essas energias se dissolvem totalmente na luz branco-dourada. Maravilhoso! E deixe que "os restos vão para o espaço"! Muito bem. Expire. Bote tudo para fora, deixe ir, deixe ir e veja agora seu espaço totalmente claro e purificado.

☆

Perfeito. Agora podemos começar a acreditar, não é?

E então retorne para a região da sua cabeça e focalize o seu ser à altura dos olhos e acima das orelhas. Dali, penetre no cérebro. Dentro dele você tem uma glândula (a glândula pineal). Não importa saber exatamente onde ela se localiza. Mas ela é o centro da fé. E eu agora lhe peço para focalizar esse ponto na sua cabeça. Você será conduzido pelo seu Eu Superior. Focalize e perceba — seja vendo ou ouvindo ou sentindo — uma centelha de luz que começa a arder dentro de você. É a força da fé. E enquanto essa centelha de luz se põe a vibrar cada vez mais, enquanto ela se expande cada vez mais, você pode fortalecer em si mesmo as palavras de fé. Você pode dizer:

- ***Eu sou um filho da Luz.***
- ***Eu sou um filho do Criador Universal.***

ou então:

- ***Eu acredito em Deus, o Pai Uno Universal.***
- ***Eu acredito em mim como filho estelar da Terra.***
- ***Agora eu estou pronto para aceitar amorosamente a minha verdadeira força co-criadora.***
- ***Eu acredito e confio na orientação dada pela minha alma, pelo meu Eu Superior.***

Intensifique a força na sua cabeça física e veja como ela se torna cada vez mais clara. Faça isso agora.

Sinta a força fluir; você talvez a perceba como calor, como um zumbido, como uma vibração crescente. Perceba como esse ponto da fé, a força e a intensidade da fé, vibra cada vez mais, cresce cada vez mais, de modo que no centro do seu cérebro surge uma única e grande centelha de luz e ponto da fé. Seria belíssimo se você pudesse sentir e perceber em si mesmo estas palavras perenes:

Eu acredito no infinito bem e no amor do Pai de todos os universos. Eu acredito na elevação luminosa e pacífica deste mundo. Eu acredito na orientação, no amor e na sabedoria do meu Eu Superior, e sei que a partir de agora serei sempre levado a fazer a coisa certa no momento certo, para que o bem e a abundância divina se expandam na minha vida, em todos os meus eus e no mundo.

Intensifique constantemente essa fonte de energia dentro de si mesmo, recitando essas palavras, seguindo esse caminho, dizendo as palavras revivificantes. Pois isso ajuda a sua manifestação luminosa.

☆

E agora eu gostaria de falar um pouco sobre a manifestação. Esse é um tema que sempre me dá prazer retomar.

A pergunta mais importante em toda manifestação consciente é sempre: "O que você quer?" Muitos alunos sempre me perguntam o que devem fazer, e eu costumo responder com outra pergunta: "Pois é, o que você quer?" Cada um de vocês é o criador do seu próprio mundo; o mundo espiritual existe para lhes dar idéias, ajuda e orientação, mas a vida são vocês mesmos que a vão manifestar! De que adiantaria se eu, por exemplo, fizesse contato com o orientador profissional cósmico e dissesse às pessoas: "Você será terapeuta, você botânico e você analista de sistemas", quando no fim essas pessoas queriam algo bem diferente? Isso poderia certamente funcionar bem com algum aspecto do seu ser, mas o caminho para vocês compreenderem o que realmente desejam é um caminho de conhecimento. Somente quando vocês perguntarem a si mesmos o que realmente desejam é que lhes será útil descobrir onde estão os seus bloqueios!

Vamos dar um passo em frente. Suponhamos que vocês sabem precisamente o que querem; vocês, por assim dizer, fizeram a lição de casa. Por exemplo: Será que você sabe quantas horas por dia quer trabalhar, e qual profissão quer seguir? Você tem uma resposta? Vamos supor que sim, você sabe o que quer. Você vai precisar de ajuda espiritual para descobrir como encontrar esse emprego e em que consiste exatamente essa profissão. Assim, você vai elaborar uma manifestação que o ajude a investigar com mais exatidão o que ocorre. Uma manifestação, conscientemente verbalizada, é sempre formada por palavras positivas, e o verbo está sempre no tempo presente! Sua prece não será deste tipo: "Dentro de 150 dias, saberei exatamente, graças à intuição divina, qual é o emprego que me permitirá trabalhar três horas e meia por dia." Com esse tipo de oração (ou afirmação), você provavelmente o descobrirá em 150 dias; mas, o que você começou a fazer durante esses 150 dias? Portanto, uma manifestação luminosa diria: "Peço ao meu Eu Superior para que me dê, aqui e agora, indicações e orientação. Estou pronto para aceitar as sugestões do meu Eu Superior e receber as intuições/imagens (dependendo do modo como você trabalha com seu Eu Superior) que me farão saber exatamente em qual emprego posso gerar o maior bem possível dentro da maior alegria e harmonia possíveis." Pois não se trata apenas de você — basicamente, claro que sim! —, mas trata-se da manifestação do bem no todo maior. Entendeu?

Se você pensar conscientemente no assunto por um instante, ou melhor ainda, se se elevar ao nível da manifestação e estiver pronto para ouvir e seguir sua intuição, então nada poderá dar errado. Por exemplo, você vai às compras seguindo sempre o mesmo caminho, mas um dia sua intuição lhe sussurra ao pé do ouvido: "Hoje dobre à direita em vez de dobrar à esquerda." E então você diz: "Ora bolas, eu sempre viro à esquerda. Por que iria mudar hoje?" É bem provável que tenha perdido uma oportunidade. Se tivesse seguido pelo caminho indicado pela sua intuição, talvez visse (entenda que esse é apenas um exemplo) um cartaz numa vitrina anunciando "A profissão dos novos tempos", ou talvez encontrasse alguém que tinha algo importante para lhe dizer, ou talvez comprasse um jornal no qual acharia um artigo importante. Essa é a linguagem sutil do mundo espiritual. Já que a maioria de vocês ainda não tem ouvidos para ouvir a nossa voz, precisamos usar esses "truques". Mas você pode pedir sugestões, sempre e em qualquer lugar. Continuemos. Quando sabe exatamente o que deseja, você o expressa em palavras e transporta-o para o nível da manifestação. E é natural que você tenha de fazer isso muitas e muitas vezes, até realizar o seu desejo; ou até perceber que alguma coisa ainda não está certa na sua manifestação — você percebe, por exemplo, que não quer mais trabalhar três horas e meia por dia e sim quatro horas e meia. Agora você sempre terá a possibilidade de modificar os dados e reexaminar a versão ultrapassada do seu desejo.

O que você faz por si mesmo, pessoalmente, e para o seu próprio progresso, você também deveria fazer pela Terra. Observe os níveis de sua vida com os quais está insatisfeito. E exatamente nesses níveis desdenhe as preocupações e dificuldades. Por exemplo, o fato de você estar curto de dinheiro, e isso ocorrer com freqüência cada vez maior, significa que o seu "moinho" de preces anda remoendo: "Eu não sou digno, eu não mereço ter nada; não tenho condições de comprar o que quero, mas todo mundo consegue comprar o que quer, só eu que não consigo, etc. etc. etc." Ouça bem: Pare com essas frases e coloque pensamentos positivos no mundo, antes que se dê conta de que só tem 10 centavos no bolso! Se agora você precisa de 60 reais para as compras e não tem essa quantia, há dois caminhos: ou você se abandona ao seu mundo de preocupações, ou gasta cinco minutos do seu tempo dizendo a si mesmo: **"Eu sei que sou filho de pai rico, e agora vou entrar na herança"** ou **"O Senhor é meu pastor, nada me faltará"**. Escolha frases que o fortaleçam. Medite sobre elas, faça contemplação, e depois, bem-amado discípulo, pense no que você já está pronto para dar ou abandonar. Pois muitas vezes você está tão cheio de todas as energias possíveis que a infinita riqueza de Deus e seu amor infinito simplesmente não conseguem mais infiltrar-se por entre elas.

Se quiser uma coisa nova, dê alguma coisa velha. Se deseja atrair a riqueza, pense no que pode dar. Não precisa ser dinheiro. Você pode estender a mão e ajudar um vizinho. Pode fazer uma prece pelo mundo. Pode examinar seu guarda-roupa e ver se já não voltou a encher-se de coisas que você não precisa mais, e então doá-las para quem precisa delas. Todo mundo, a todo momento, tem alguma coisa que pode ser dada; tão logo se produza um vazio, este pode ser novamente preenchido. E, o que é tão importante agora, você pode dar o perdão. O perdão libera a maior parte das energias. Não lhe custa nada, nem matéria nem dinheiro, e é possível a todo momento — e então algo novo poderá fluir para dentro do seu sistema. Essa experiência, indiscutivelmente, vale a pena, você não acha? Dou-lhe essa idéia para você pensar no caminho.

Manifestar, portanto, não significa formular um texto de prece ou uma idéia de manifestação, recitá-los ou orá-los uma vez para si mesmo — enfim, com o mínimo de energia possível —, depois estirar-se confortavelmente no sofá e deixar correr o programa de rádio ou tevê.

Existe também o ato da graça. É bem possível que o grande milagre caia do céu de pára-quedas e aterrisse na sua sala. Vocês podem sempre contar com o ato da graça.

Mas, ainda assim, é útil vocês ao mesmo tempo colocarem a matéria em movimento. Ou seja, como eu já disse: Ouça a sua voz, movimente-se, saia de dentro de casa, aceite a responsabilidade e, principalmente, supere suas dúvidas! Como é freqüente você, por exemplo, dizer a si mesmo: "Rezei tanto para a minha pele sarar, por que ela não sara logo?" Ora, porque toda vez que enviou sua prece para o alto você talvez tenha saído do seu círculo de luz e, por cinco minutos, você começou a examinar a sua pele: "Ainda não sarou. Minha manifestação não funcionou. Eu não estou manifestando corretamente. Por que minha pele ainda não sarou?..."

Altíssimas nuvens de dúvidas e hesitações se formaram no seu campo energético e, com isso, muitas das suas preces deram em nada.

É nesses momentos que entra em ação a força da fé. A matéria é inerte, bem-amados amigos da Luz. Vocês precisam dar-lhe um pouco de tempo, apoiá-la da melhor maneira possível. Os milagres são maravilhosos e acontecem com mais freqüência do que vocês imaginam. Vocês só precisam abrir os olhos para realmente percebê-los. Muitas vezes vocês são impedidos de fazê-lo porque se abandonam à dúvida; desse modo, suas maravilhosas manifestações se apagam, como o giz numa lousa. Portanto, não se deixem dominar pelas energias da dúvida, trabalhem sua impaciência. Fortaleçam sua fé e confiança, e, quando de novo surgir a inquietação, entrem com plena consciência em sua cabeça, fortaleçam a luminosidade e pronunciem frases de fé e fortalecimento, pois seu cérebro só pode pensar um único pensamento de cada vez; isso os ajudará a conservar a energia por algum tempo. Certo?

Louvem a si mesmos por terem compreendido.

☆

E agora eu os deixo com suas atividades, mas antes gostaria de dar-lhes mais uma bênção. E por isso lhes peço: *Entrem mais uma vez na própria cabeça, deixem o divino e abrangente OM ressoar no centro da sua fé, deixem-no realmente ressoar, para que a verdadeira fé, o verdadeiro amor e a verdadeira sabedoria do Uno Universal os multipliquem e fortaleçam em todas as suas existências e em todos os seus mundos.*

☆

Com a luz e o amor da Fraternidade Branca eu os abençôo, pois acredito em vocês.

☆

OOOOOOOOOOOOOOOOOOOOMMMMMMMM:
Shanti. Bênçãos.

Capítulo 40

Prece de Gratidão à Mãe Terra

Acima de tudo o mais, renovemos nossos agradecimentos a Gaia, nossa Mãe Terra, por todo o seu amor, sua infinita paciência e sua confiança infinita em nós, seus filhos.

☆

Nós te agradecemos, Mãe Terra, pelo milagre do nosso corpo, criado pela tua força, através do qual podemos nos mover, através do qual podemos ouvir, ver, sentir, tocar.

Nós te agradecemos pela terra, pelas rochas e pelas grandes pedras que guardam a antiga sabedoria.

Nós te agradecemos pela água, pelas fontes, rios e lagos e pelos mares imensos onde vivem nossos irmãos estelares que sempre nos mostram as pontes e o caminho de casa.

Nós te agradecemos por dar morada aos seres maravilhosos que em ti encarnaram como plantas; pois nos alimentam, nos aquecem os corações e nos alegram o espírito com sua diversidade.

Nós te agradecemos pelos leais amigos que temos nos seres que buscam o corpo como animais, corpos do teu corpo, espelhos sempre renovados do amor, da lealdade e da devoção.

E nós te agradecemos por todas as pessoas humanas, em sua grande variedade e diversidade — e por nos permitires aprender a perceber e amar essa diversidade.

És tu, Mãe Terra, quem nos ensina hoje e sempre a alegria com a diversidade. Mãe Terra, é maravilhoso estar aqui. E somos gratos por isso.

Agradecemos a todos os mestres luminosos da Fraternidade Branca, da Irmandade Espacial e dos níveis elevados, que conosco trabalharam e sempre nos conduzirão.

Eu agradeço pela graça de toda essa experiência. Agradeço a todos os meus mestres e orientadores na Terra e em todo o Universo, e a todos os meus irmãos de todos os níveis.

Que o amor nos abençoe a todos.

Amém.

Apêndice

Pequeno Guia da História Estelar

Aa-dra lay: Nome canalizado de uma parte da consciência global de Andrômeda.

Amrael ⨳ awa Antares: O ser estelar de Trixa; este nível de consciência tem abertura para a consciência estelar e para a sabedoria estelar.

Ankiel: Irmão espacial do reino estelar de AN, chefe do Comando AN, que se colocou à disposição do nosso sistema solar para nos conduzir através do Portal Estelar II:II. Sua especialidade são as linhas e redes de energia do nosso planeta.

Aquília: Uma entidade do Conselho das Sete Irmãs, das Plêiades. Esse Conselho tem a missão de levar o amor daquele Universo, na sua verdadeira forma, até novos níveis planetários e conservá-lo ali. A sede do Conselho fica em Alcíone, capital estelar das Plêiades.

Ashtar: A entidade que dirige o Comando Ashtar e coordena todas as missões da Irmandade Espacial no nosso quadrante do Universo. Responde diretamente à consciência crística.

Dirhiyn: Nome de uma entidade atualmente na Lemúria, uma emissão da consciência estelar Amrael ⨳ awa Antares.

Filhos Estelares da Terra: Assim Hilarion chama a humanidade, para expressar que somos tanto filhos da Terra quanto filhos dos níveis estelares. Por um lado, ele quer nos lembrar nossa origem cósmica e, por outro, encorajar-nos a fixar a nossa memória, o nosso saber estelar, no aqui e agora da Terra.

Fraternidade Branca: Nome de um determinado grupo de mestres da Luz, que passaram por todas as encarnações terrenas. A Fraternidade se divide em várias áreas específicas, que estão ligadas com as cores dos raios.

Gaia: Nome espiritual da consciência estelar que se manifesta como o nosso planeta Terra.

Hilarion: Mestre do quinto raio. Representa a verdade divina, a concentração e a cura através do saber; sua cor é o verde cálido. Encarnou várias vezes na Terra e, por isso, conhece nossas dificuldades. É um mestre da Fraternidade Branca, muito bondoso e bem-humorado — e meu mentor.

Irmandade Espacial: Entidades que nunca ou raríssimas vezes encarnaram na Terra. São os guardiães dos diversos sistemas solares e galáxias, e têm como principal missão técnica cuidar para que os mundos alcancem sua plena evolução. Há diversas Irmandades Espaciais nos diferentes quadrantes do nosso Universo. Nossa jurisdição compete ao Comando Ashtar. Seu maior mestre também é o Filho, a consciência crística.

Irmandade Solar: Mestres da Luz que têm como morada o Sol Central e o Sol Central primordial. São representantes e mestres das energias solares, ou seja, dinâmicas. Fazem a conexão com o Pai.

Kuthumi: Mestre dos mundos e grão-mestre dos sete raios. Sua mensagem é o amor por tudo o que existe, além de toda fronteira dimensional. Encarnou, entre outros, como São Francisco de Assis.

Lenduce: Irmandade Solar, um mestre do Sol Central.

Min-Rá: Uma entidade da Ordem dos Guardiões do Saber Estelar; filha de Og-Min.

Monka: Uma entidade masculina da Irmandade Espacial; encarnou em Marte e ainda dirige a Escola dos Verdadeiros Guerreiros da

Luz. Hoje tem assento no Conselho de Saturno, que disciplina e mantém a força da concentração no nosso Universo.

Rama: Nome de uma manifestação da consciência estelar Amrael ✕✕ awa Antares. Encarnou na esfera da Irmandade Espacial e ingressou no Comando Ashtar para, através do meu canal, conectar a Irmandade Espacial e a Fraternidade Branca. Vê a si mesmo como uma espécie de conselheiro cósmico, cuja especialidade é liberar as energias bloqueadas. É o "duplo" de Trixa na Irmandade Espacial.

Sanat Kumara: O logos da Terra, mais ou menos o Eu Superior de Gaia, uma emissão energética de Cristo, mestre do desenvolvimento dos filhos estelares da Terra. Ancorou a amorosa energia curadora do planeta Vênus espiritual na Terra e na nossa consciência.

Sirilia: Entidade da consciência global de Sirius, que se prontificou a transmitir, através do meu canal, todo o seu conhecimento da história de Sirius.

Soltec: Membro do comando técnico da Irmandade Espacial, filho de Monka.

Somar: Irmão luminoso de Órion, que se prontificou a permanecer nessa constelação em todos os estágios de seu desenvolvimento, para preservar e relatar a história do drama de Órion.

Vyvamos (ou Vyvamus): Psicólogo cósmico que se incumbiu de dar ajuda e orientação aos discípulos da Luz na Terra, para que a Terra como um todo e nós, enquanto humanidade global, aumentássemos nossa vibração. Ele é o guia espiritual de Janet McClure e meu primeiro mestre no mundo espiritual. Apóia a abertura luminosa dos nossos canais transpessoais.

Esclarecimento das Expressões da Filosofia Huna, Como São Encontradas Neste Livro:

Eu Superior (o havaiano Aumakua): Nossa centelha divina, nossa consciência do Eu, a presença da sabedoria; amor e força divinos que sempre estão conosco, sempre estiveram conosco e sempre estarão conosco.

Uhane: Manifestação da nossa imagem mental como um todo, nosso eu racional. O eu racional se expressa através de pensamentos e representações; originalmente, seria a instância do nosso livre-arbítrio.

Unihipili (ou Ku): Nome havaiano de um dos três níveis do nosso ser; costumo chamá-lo de "eu emocional". Esse nível também armazena nossas lembranças, nossos padrões e bloqueios. O Unihipili constrói as conexões de energias com o nosso Eu Superior. Não se deve confundir o Unihipili com a nossa "criança interior"; a criança interior é apenas uma parte daquilo que o Unihipili representa.

Expressões do Saber Estelar, Trazidas Para a Terra de Solara:

EL-AN-RÁ: O nome de família das três grandes raças estelares, em cujos níveis encarnamos durante nossos caminhos pelas estrelas. Nos mundos estelares, esses grupos existem como formas de consciência, cada qual com sua missão específica.

Og-Min: Guardiães estelares que preservam os registros akáshicos e cristalinos do nosso Universo.

Expressões do Hebraico:

El Shaddai: Forma de saudação espiritual para as distribuições de energia de Metraton. Junto com Miguel e Melquisedeque, Metraton forma um triângulo de imensa energia. Ele próprio representa o verdadeiro amor; Miguel representa a força divina; e Melquisedeque, o rei dos Céus, representa a sabedoria divina.

Shekinah: A "presença feminina de Deus", manifestação da pomba, o Espírito divino. Shekinah é a essência feminina de Deus, Fonte de todos os seres. Ela é a consciência que anima todas as formas. Envolve, num universo autônomo, o nosso Universo, o Universo do Filho.

Uma vez que todos nós estamos sempre aprendendo, anotei essas explicações conforme meu atual estágio de saber, tal como as entidades as explicaram a mim e tal como eu as entendo.

LCC, janeiro de 1995

Agradecimentos

Recebi muita ajuda durante o meu trabalho neste livro, e isso encheu da mais profunda gratidão a esfera dourada do meu coração.

Sou grata a Christa Falk pela sua confiança em mim e na minha missão, e agradeço à família dela por me receber tão amistosamente. Senti essa amizade em todas as nossas conversas.

Eu gostaria de agradecer, do fundo do meu coração, pelo vigoroso apoio de Brigitta Annas; sua promessa de fazer a primeira digitação deste livro foi o que me deu coragem para começá-lo. Agradeço a Daniel e a Gertrud pelas informações sobre o mundo dos computadores; Daniel encarregou-se da digitação final e fez a bela ilustração do exercício para dissolver a desconfiança, enquanto Gertrud dedicou muitas e muitas horas à revisão do texto; e também sou grata ao Erwin pelo seu apoio e pelo trabalho de composição eletrônica que transformou meus esboços em belos desenhos.

Agradeço ao Peter, que cuidou do meu bem-estar físico e mostrou grande paciência durante tantas semanas.

Obrigada! É maravilhoso ter amigos que ficam ao nosso lado.

☆

Agradeço também a todos os filhos estelares da Terra que freqüentaram os meus seminários — aprendi muito, muito, com a disponibilidade de cada um deles para o confronto com a própria sombra.

Agradeço ao meu Unihipili pelos dias e semanas de trabalho concentrado e pelo direcionamento de todas as energias; e ao meu Uhane pela estruturação e formulação dos meus pensamentos. Estou imbuída do amor do meu Eu Superior e de todas as energias luminosas que me auxiliaram.

Agradeço também aos mestres da Luz deste Universo que transmitiram seu saber através do meu canal; e sou grata a Hilarion, meu mentor, que olhava por cima do meu ombro enquanto eu escrevia e me ajudava a encontrar as palavras certas.

Que o amor nos abençoe a todos.

LCC, 2 de fevereiro de 1995

ALEGRIA E TRIUNFO

Eis um livro que apresenta verdadeiras receitas contra a angústia, o medo, a incerteza, a falta de confiança própria e outros obstáculos que, somados, resultam no "atraso de vida".

Nele não encontrará o leitor nenhum ritual cabalístico ou fórmula misteriosa, de difícil enunciação, mas simplesmente os meios de despertar em seu íntimo as poderosas forças do Eu Superior ou seu Cristo Interno.

Com efeito, desde a leitura de suas primeiras páginas, sentimo-nos animados daquela *fé dinâmica*, que tantos prodígios tem realizado no mundo.

Fugindo ao processo adotado pela maioria dos tratadistas da matéria em questão, o autor procurou demonstrar como devemos aplicar a Fé em nossa vida prática, citando centenas de animadores exemplos, em que a alegria e o triunfo voltaram a brilhar na vida dos desesperados e necessitados.

"O vosso Eu Sou, ou Cristo Interno, é o vosso deus pessoal ou a partícula divina em vós, *a qual tem todas as qualidades de Deus e todos os poderes para realizar as vossas aspirações*, desde que não sejam prejudiciais às dos outros."

Baseados neste princípio citado pelo autor, repetindo as *afirmações especiais* oferecidas para casos de urgência, sentimos tamanha convicção da existência do *poder interno* que possuímos, que dificilmente voltaremos a ser dominados pelos nossos piores inimigos: a angústia, o ódio, o ressentimento, o temor das dívidas e outras torturas que, em geral, acabrunham a maior parte da Humanidade.

Como os pensamentos negativos abatem o nosso sistema nervoso, prejudicando a nossa saúde física e moral, notarão os que seguirem os conselhos e os contagiantes exemplos apontados no livro que, ao cabo de pouco tempo, estarão com boa disposição mental e saúde normal.

"*É vontade de Deus que prospereis e vivais na abundância de tudo o que é bom e desejável.*"

Ora, mantendo viva essa afirmação em nosso espírito, fortalecemos o nosso subconsciente e passamos a repelir a idéia de que viemos a este mundo para cumprirmos uma "provação" de miséria, fome, pobreza. . .

Deus nos vê como seres perfeitos, *criados à sua imagem e semelhança*, possuindo poder e domínio.

Essa é a perfeita idéia de nossa entidade, registrada na Mente Divina, à espera do nosso reconhecimento, pois só poderemos manifestar o que a nossa mente puder ver que somos e alcançarmos *aquilo que ela nos vê alcançando*.

Portanto, mediante a disciplina da imaginação e os esplendores da Fé Dinâmica, tão bem apresentada neste livro, terá o leitor a chave da sua alegria e seu triunfo!

Ilustrado com inúmeros exemplos de difíceis problemas, que encontraram rápida solução *através da força interna que possuímos*, o livro apresenta ao leitor muitos casos que lhe dizem respeito, como também aos seus familiares e amigos, apontando-lhes uma saída salvadora.

É o que a todos desejamos, para que doravante possam viver com alegria e triunfo!

EDITORA PENSAMENTO

RECEITAS DE FELICIDADE
Ken Keyes Jr. e Penny Keyes

Este livro ensina como viver melhor, independentemente do que os outros possam dizer ou fazer. As três receitas de felicidade que ele propõe mostram como depende de você — e só de você — viver num estado de permanente felicidade, ajudando-o a harmonizar seu relacionamento com as pessoas e a aumentar a emoção de viver.

Estas *Receitas de felicidade* podem representar um primeiro passo para tornar mais rica a sua vida, ajudando-o a alcançar níveis mais elevados de energia, de discernimento, de amor e, principalmente, da mais pura alegria.

* * *

Ken Keyes Jr., o autor, é o fundador da *Sciences of Happiness* e do *Ken Keyes College*. O objetivo de seu trabalho é colocar ao alcance de todos técnicas simples mas eficazes para ajudar as pessoas a resolver mais facilmente os problemas que têm de enfrentar no seu dia-a-dia.

Penny Keyes, sua mulher, trabalha em estreita colaboração com o marido, ajudando-o em seus escritos e nos cursos de fim de semana ou de longa duração ministrados em sua instituição. Os seminários por eles organizados possibilitaram a milhares de pessoas, vindas de diversas partes do mundo, a descoberta da força renovadora do amor.

EDITORA PENSAMENTO

OS 12 ESTÁGIOS DA CURA

Novas maneiras de curar a mente e o corpo

Donald Epstein e *Nathaniel Altman*

Os 12 Estágios da Cura revela-nos verdades fascinantes sobre o complexo relacionamento entre a mente, as emoções e o corpo, e nos mostra como usar essas verdades para melhorar a saúde do corpo e ter mais harmonia em nossos relacionamentos.

Depois de observar centenas de pessoas, tanto na prática particular como em seminários, o dr. Donald Epstein descobriu 12 ritmos ou estágios básicos de consciência que são compartilhados por toda a humanidade. Cada estágio de cura tem um "ritmo de passagem" diferente — uma experiência inusitada de cura — que ajuda a nos reconciliar com aspectos de nós mesmos que causaram trauma, alienação, esquecimento, ou que ainda não foram perdoados.

Cada estágio tem um padrão característico de respiração, de movimento e de toque que pode nos ajudar a entrar em sintonia com os ritmos interiores naturais do nosso corpo e a sentir as coisas boas da vida muito mais intensamente.

Os 12 Estágios da Cura nos leva além dos livros tradicionais sobre a cura, à medida que nos orienta pacientemente, por meio das lições de cada estágio, numa jornada rumo a uma maior totalidade, percepção espiritual e à verdadeira cura em todas as áreas da nossa vida.

* * *

O dr. Donald Epstein é membro do Conselho Diretor do Sherman College of Straight Chiropractic e é professor dessa instituição. Faz parte também do Conselho Diretor da EarthSave Foundation e é presidente da Association for Network Chiropractic. Mora em Boulder, no Colorado .

Nathaniel Altman é autor de mais de quinze livros sobre alimentação, filosofia e saúde holística. Mora no Brooklyn, Nova York.

EDITORA PENSAMENTO

O Fogo do Coração

Sábios, Curadores e Místicos

Kyriacos C. Markides

Neste terceiro livro da trilogia que teve início com *O Mago de Strovolos* e *Homenagem ao Sol*, Kyriacos C. Markides continua seu fascinante relato a respeito dos ensinamentos místicos de Daskalos e Kostas, dois cipriotas gregos, agentes de cura e mestres do conhecimento metafísico. Retornando à sua terra natal para mergulhar na cosmologia do Erevna (a Pesquisa da Verdade), Markides, habilidosamente, faz a crônica das intrigantes vidas e experiências desses místicos que vivem em meio a uma sociedade contemporânea – o mundo belo, mas politicamente caótico, da ilha de Chipre.

Sendo ao mesmo tempo um passeio pelo mundo de personalidades psíquicas e mágicas e um mergulho ímpar na consciência humana, *O Fogo do Coração* irá cativar todos os leitores de obras místicas, paranormais e que tratam de curas espirituais, bem como todos os que se empenham em conhecer a verdadeira natureza da realidade.

* * *

"Este é um livro de maravilhas. Markides nos presenteou com sua impressionante compreensão das implicações da filosofia e da prática daqueles que são capazes de dar novo encanto ao mundo."

Jean Houston, Ph.D., autora de *A Busca do Ser Amado*, **publicado pela Editora Cultrix, São Paulo.**

"O impressionante livro de Markides, *O Mago de Strovolos*, deixa claro que Daskalos é um mago no sentido mais exato da palavra."

Colin Wilson em *Beyond the Occult*.

EDITORA PENSAMENTO

AFIRMAÇÕES PARA A CURA DE SI MESMO

J. Donald Walters
(*Kriyananda*)

Uma afirmação é uma declaração da verdade que se pretende incorporar à própria vida. Costuma-se dizer que somos o que comemos. Seria mais verdadeiro dizer que "somos o que pensamos". A mente revela mais do que o faz o corpo. Nossos pensamentos influenciam fortemente até mesmo a nossa saúde física. Por quê?

Eles existem no subconsciente, sussurrados mentalmente milhares de vezes a cada dia: "Tenho medo, estou cansado, estou zangado..." Para ser bem-sucedido, esses pensamentos devem ser encarados no seu próprio território.

As afirmações chegam ao subconsciente numa linguagem que ele pode ouvir e entender, e tiveram êxito onde outros métodos falharam. Com este livro, você pode:

- Comandar sua vida, controlando seus pensamentos.
- Superar seus bloqueios psicológicos mais perturbadores.
- Estabelecer hábitos novos e úteis que lhe assegurarão o sucesso em qualquer empreendimento.
- Começar a viver como uma arte, e não como algo que apenas "acontece".

Este livro inspirado contém 52 afirmações e orações, uma para cada semana do ano. *Afirmações para a Cura de Si Mesmo* pode muito bem ser o manual definitivo de auto-ajuda, um instrumento de grande eficiência para a transformação pessoal.

VIVENDO COM ALEGRIA
Chaves para a Conquista do Poder Pessoal e da Transformação Espiritual

Sanaya Roman

Muitos grandes artistas, escritores, homens de negócios, atletas e músicos têm declarado que seus maiores feitos, invenções e inspirações foram recebidos de uma fonte situada além da sua realidade normal. Os cientistas, por sua vez, freqüentemente têm vislumbres e concepções originais, não enquanto estão sentados à mesa de trabalho, mas sim quando estão totalmente descontraídos – talvez debaixo do chuveiro, passeando pela praia ou devaneando.

Este é o caso de *Vivendo com Alegria*, "transmitido" à autora por uma fonte de sabedoria que ela chama de Orin, quando estava em estado de paz e de expansão da consciência. As informações que compartilha com o leitor neste livro foram por ela recebidas numa série de sessões de meditação, durante o período de alguns meses.

Esses momentos de inspiração têm sido chamados por algumas pessoas de canalização; outras o chamam de dom da profecia, e outras, ainda, de ligação com a mente universal. Para Sanaya Roman, essa fonte de orientação espiritual é Orin, um mestre e professor amável, sábio, gentil, sempre positivo e cheio de compaixão.

Este livro é a chave para libertar o seu coração e ajudá-lo a desenvolver todo o seu potencial. É um livro para pessoas que valorizam novas idéias, de acordo com a luz que essas idéias acrescentam à sua vida; é um convite à elevação do espírito, à comunhão da alegria, à liberação de conflitos e à abertura para o poder pessoal e a transformação espiritual de cada um.

* * *

Livros de Sanaya Roman da série *A Vida na Terra*:

— *Vivendo com Alegria - Chaves para a Conquista do Poder Pessoal e da Transformação Espiritual.*

— *O Poder Pessoal Através da Consciência.*

— *Crescimento Espiritual - O Despertar do seu Eu Superior.*

EDITORA PENSAMENTO

O SORRISO INTERIOR

Exercícios Práticos para o seu Relaxamento e Bem-estar

Heidy Lambelet

Um livro que provoca um efeito relaxante assim que se começa a folhear suas páginas, pois é escrito de forma descontraída, alegre, além de ser enriquecido com numerosas ilustrações. O título é poético; no entanto, trata-se de um livro de exercícios de relaxamento para serem praticados a sós ou com um parceiro.

Lendo-o, o leitor pode sentir como a própria autora extrai força dos exercícios que propõe. A correspondência trocada com três amigos que lhe contam sobre o sucesso conseguido com a aplicação de suas técnicas constitui um testemunho valioso que anima o leitor a adotá-las para seu próprio benefício.

Os textos da autora, especialista em terapia corporal e da respiração, limitam-se a descrever o essencial. As ilustrações e as cartas-depoimento, por sua vez, levam o leitor a fazer suas próprias descobertas, a melhorar sua respiração e a sorrir com mais freqüência.

* * *

A autora, Heidy Lambelet, nasceu em Turim. Atualmente mora em Basiléia e trabalha como terapeuta corporal e da respiração em consultório particular. No seu trabalho de aconselhamento para grupos no que se refere ao desenvolvimento pessoal ou organizacional, seu principal objetivo é sensibilizar a pessoa para a percepção do corpo e, por meio da sua intervenção profissional, dar novas possibilidades de compreender melhor tanto as outras pessoas como as situações que têm de enfrentar na vida.

EDITORA PENSAMENTO